国家高新区瞪羚企业发展报告 2020

科学技术部火炬高技术产业开发中心　著

·北京·

图书在版编目（CIP）数据

国家高新区瞪羚企业发展报告. 2020 / 科学技术部火炬高技术产业开发中心著. —北京：科学技术文献出版社，2021.10
ISBN 978-7-5189-8279-0

Ⅰ.①国… Ⅱ.①科… Ⅲ.①高技术企业—企业发展—研究报告—中国—2020
Ⅳ.① F279.244.4

中国版本图书馆 CIP 数据核字（2021）第 170521 号

国家高新区瞪羚企业发展报告2020

策划编辑：李 蕊 责任编辑：李 晴 责任校对：文 浩 责任出版：张志平	
出 版 者	科学技术文献出版社
地　　　址	北京市复兴路15号　邮编 100038
编 务 部	（010）58882938，58882087（传真）
发 行 部	（010）58882868，58882870（传真）
邮 购 部	（010）58882873
官 方 网 址	www.stdp.com.cn
发 行 者	科学技术文献出版社发行　全国各地新华书店经销
印 刷 者	北京时尚印佳彩色印刷有限公司
版　　　次	2021年10月第1版　2021年10月第1次印刷
开　　　本	889×1194　1/16
字　　　数	138千
印　　　张	9
书　　　号	ISBN 978-7-5189-8279-0
定　　　价	98.00元

版权所有　违法必究

购买本社图书，凡字迹不清、缺页、倒页、脱页者，本社发行部负责调换

国家高新区瞪羚企业发展报告2020
研究组

组　　　长：贾敬敦　张卫星

副　组　长：赵树璠　柳卸林

执 行 组 长：李　享

主要研究人员：张　琳　谷潇磊　丁雪辰

研究组成员：李志远　余志海　周　力　王胤杰
　　　　　　张艳秋　魏　颖　王天霞　马佳慧
　　　　　　宋君黛　杨培培　葛　爽　肖　楠
　　　　　　常馨之　王　宁　杨　萍　王　倩
　　　　　　杨博旭

前 言

我国经济发展正处于新旧动能转换的关键时期。跨过死亡谷、进入高成长期的瞪羚企业，凭借其显著的活力和对区域经济增长的突出贡献，成为引领新经济和高质量发展的重要动能。一个地区的瞪羚企业数量越多，通常其创新活力也就越强，发展速度越快。自瞪羚企业的概念引入中国，就受到了产业界、学界和政府的广泛关注。瞪羚企业显示出了中国企业的速度，也代表了中国企业在第四次工业革命到来时的强势崛起。

2020年8月24日，习近平总书记主持召开经济社会领域专家座谈会时明确指出，以科技创新催生新发展动能。在"双循环"新经济形势下，以瞪羚企业为代表的高成长企业，是引领产业变革的先锋队，在创造就业、推动经济增长和实现科技创新等方面扮演着重要角色。

瞪羚企业的发展备受关注。经济合作与发展组织（OECD）每年会持续跟踪报告瞪羚企业等高成长企业的发展情况。2020年6月，胡润研究院第3次发布了《2020胡润中国瞪羚企业》。同年11月，福布斯首次发布了中国的高增长瞪羚企业榜单，从企业的科技创新和商业模式创新出发，寻找在未来3～5年内最有可能达到10亿美元估值成为独角兽的高成长企业。

而为了更好地发现和培育瞪羚企业，自2014年起，科技部火炬中心牵头成立"国家高新区瞪羚企业发展研究组"，每年对国家高新区企业统计数据库中的企业数据进行跟踪分析，研究编制《国家高新区瞪羚企业发展报告》。目前，"国家高新区瞪羚企业发展研究组"共进行了7期国家高新区瞪羚企业研究。本期，中国科学院大学中国创新创业管理研究中心作为支撑单位，参与了报告的数据分析和研究工作。以2016—2019年国家高新区企业统计数据为基础，以经济增长、创新活动、绿色环保等为标准遴选出3336家符合标准的国家高新区瞪羚企业，对国家高新区瞪羚企业的群体特征、双创发展、区域分布、发展变化进行系统分析。同时，持续跟踪7期瞪羚企业群体，对7年来瞪羚企业群体持续发展状况进行分析研究，介绍全国各区域瞪羚企业培育工作的开展情况。本报告旨在为相关决策部门、企业和研究人员较为全面地掌握国家高新区瞪羚企业的发展现状，以及开展相关工作提供参考。

国家高新区瞪羚企业发展研究组

主要结论	1
第一章　国家高新区瞪羚企业经济指标分析	5
一、瞪羚企业是高成长企业的典型代表	6
二、瞪羚企业保持轻资产、国际化发展	16
第二章　国家高新区瞪羚企业群体特征分析	25
一、高新技术企业及中小型企业是瞪羚企业的主体	26
二、瞪羚企业群体中新晋瞪羚企业占比过半	31
第三章　国家高新区瞪羚企业行业及领域分析	39
一、瞪羚企业行业分布广泛	40
二、九成以上瞪羚企业属于高新技术领域	44
三、六成以上瞪羚企业集中分布于高技术产业	47
四、瞪羚企业中制造业企业占比有所回升	50
五、数字经济相关产业营业收入占比超五成	53
第四章　不同类别国家高新区的瞪羚企业表现	55
一、瞪羚企业分布于156个国家高新区	56

二、世界一流高科技园区的瞪羚企业共有1754家　　　*59*

三、创新型科技园区的瞪羚企业共有499家　　　*60*

四、创新型特色园区的瞪羚企业共有456家　　　*62*

五、其他园区的瞪羚企业共有627家　　　*65*

六、国家自主创新示范区的瞪羚企业共有2784家　　　*67*

七、七成以上的瞪羚企业分布于稳定期高新区　　　*70*

第五章　国家高新区瞪羚企业创新发展分析　　　*73*

一、瞪羚企业创新要素投入保持活跃　　　*74*

二、瞪羚企业科技创新成果多样化　　　*83*

第六章　国家高新区瞪羚企业持续发展分析　　　*91*

一、遴选为瞪羚企业的群体始终保持增长　　　*92*

二、持续3年瞪羚企业保持高质量成长　　　*94*

三、瞪羚企业在资本市场表现良好　　　*101*

第七章　国家高新区持续推进瞪羚企业培育　　　*111*

一、各地持续深入开展瞪羚企业培育工作　　　*112*

二、高新区瞪羚企业培育优秀案例　　　*116*

附录《国家高新区瞪羚企业发展报告2020》遴选标准　　　*131*

一、定量提取指标　　　*132*

二、定性筛查指标　　　*133*

三、创新门槛指标　　　*133*

主要结论

"瞪羚企业"是指成功跨越创业死亡谷后,商业模式得到市场认可,进入爆发式增长阶段的创新型企业。瞪羚企业具有成长速度快、创新能力强、专业领域新、发展潜力大的特征,通过应用新技术、推出新产品、提供新服务、拓展新市场、创建新模式或构建新业态等方式,实现高速成长。

《国家高新区瞪羚企业发展报告2020》(简称"报告")以2016—2019年国家高新区统计数据为基础,以经济增长、创新活动、绿色环保等为标准遴选出3336家符合标准的瞪羚企业。报告显示,瞪羚企业科技创新动力强劲,持续带动区域经济高质量发展。

1.瞪羚企业数量大幅增加,多项业绩表现优于高新区企业平均水平。2019年高新区瞪羚企业数量为3336家,比上一年度增加368家企业,增长率为12.4%。瞪羚企业以2.4%的数量占比,为国家高新区贡献了3.7%的营业收入、3.5%的实际上缴税费、5.0%的从业人员、6.1%的净利润。瞪羚企业群体在营业收入、技术收入、净利润、研发投入强度和科技活动人员等核心经济指标方面均优于国家高新区入统企业平均值,甚至达到入统企业平均值的3.3倍,成为助推经济高质量发展的新生力量。在贸易摩擦的大环境下仍保持出口增长,瞪羚企业中共1087家有对外进出口业务,出口总额达到1635.5亿元,同比增长14.5%。

2.瞪羚企业科技创新动力强劲,仍然保持较高的新晋率。瞪羚企业群体中,高新技术企业、中小型企业、民营企业作为主力,其中八成为中小型企业,八成为民营企业，七成科技活动投入强度为5.0%以上，平均科技活动投入强度为8.5%，科技活动人员占比达到32.7%。有3077家高新技术企业，占总数的92.2%，其中八成以上为规模以上。瞪羚企业中有2066家从事高技术产业，占瞪羚企业总数的61.9%，且经济表现优于高新区入统企业平均水平。其中高技术制造业794家、高技术服务业1272家。有1914家企业为首次入选瞪羚企业名单，占比57.4%。近九成的瞪羚企业持续经营时间在6年及以上。

3.瞪羚企业行业分布广泛，引领高新区高技术产业创新发展。瞪羚企业分布在16个行业门类，61个行业大类，在国民经济行业的97个行业大类中占比高达62.9%，发展较多元化。瞪羚企业中85.0%分布在9个新产业新业态新商业模式行业分类，88.0%分布在9个战略性新兴产业，九成以上瞪羚企业属于高新技术领域，44.9%的瞪羚企业属于数字经济相关产业。涉及的高新技术领域中，电子与信息领域的企业数量最多，航空航天领域的企业平均营业收入规模最大，航空航天领域企业每万名R&D人员专利授权数量最多。

4.瞪羚企业在国家高新区中分布持续扩大。2019年，瞪羚企业群体区域分布更加广泛，拥有瞪羚企业的国家高新区达到156个，占国家高新区总数的92%，14个国家高新区首次出现瞪羚企业。排名前十的高新区拥有五成以上的瞪羚企业，仍然呈现出瞪羚企业较为集中的特点，七成以上的瞪羚企业分布于53家稳定期高新区。瞪羚企业数量在20家及以上的国家高新区达到30个。瞪羚企业中，1754家企业分布于10个"世界一流高科技园区"，499家分布于17个"创新型科技园区"，456家分布于28个"创新型特色园区"。瞪羚企业有2784家分布于21个国家自主创新示范区所在的高新区内，占瞪羚企业总数的83.5%。

5.瞪羚企业创新要素投入活跃，获得更多的风险投资，科技成果丰硕。2019年瞪羚企业群体科技活动投入强度下降至8.5%，科技活动投入近3年复合增长率为34.8%。科技活动人员规模和从业人员学历水平略有下降，超过五成瞪羚企业设立了科研机构，但创新要素投入仍然保持活跃水平。2019年，瞪羚企业新产品产值和销售收入稳步提高，授权发明专利数量同比上升9.1%，境外知识产权拥有量高速增长。2019年获得风险投资的瞪羚企业为137家，获得风险投资额115.3亿元，3年复合增长率31.8%。截至2019年年底，在科创板公开发行股票的87家企业中，有17家是2019年入选的国家高新区瞪羚企业。

6. 出台瞪羚企业培育计划的高新区和省（区、市）数量不断增多。随着瞪羚企业对于区域经济发展增效作用的显现，出台瞪羚企业培育计划的高新区数量不断增多。截至2020年，共有28个高新区出台了瞪羚企业认定标准及扶持政策。同时，部分高新区连续培育瞪羚企业成为常态，不断对瞪羚企业培育工作进行优化升级，部分地区将瞪羚企业培育升级到省级层面。扶持政策从认定奖励、人才引进、创新平台建设延伸到技术补贴、金融信贷等多个维度。

国家高新区瞪羚企业发展报告2020

第一章 国家高新区瞪羚企业经济指标分析[1]

---
[1] 本报告全文对数据做了以下处理：除个别特殊情况（文中加脚注说明）外，统一保留小数点后一位小数。

一、瞪羚企业是高成长企业的典型代表

根据科技部火炬中心国家高新区2016—2019年的统计数据,本期报告共遴选出符合标准的瞪羚企业3336家,占国家高新区入统企业数量的2.4%。瞪羚企业具有较高的成长性,其经济贡献优于高新区入统企业平均水平,是高新区高成长企业的优秀代表。

(一)瞪羚企业经营业绩表现

瞪羚企业经济指标总体表现良好,但部分指标较上年有所下降。国家高新区瞪羚企业2019年平均营业收入为4.3亿元,平均净利润为4769万元,群体平均净利润率为11.1%;平均科技活动投入强度为8.5%(表1-1),和上一年度相比有所下降。

表1-1 5期国家高新区瞪羚企业经济指标

对比维度	对比指标	2019年瞪羚企业	2018年瞪羚企业	2017年瞪羚企业	2016年瞪羚企业	2015年瞪羚企业
成长性	营业收入3年复合增长率	46.1%	37.1%	40.6%	34.3%	35.8%
平均规模	年平均收入(亿元)	4.3	4.7	6.4	6.8	9.1
盈利	年平均净利润(万元)	4769	5981	6919	6551	6684
	群体平均净利润率	11.1%	12.6%	10.8%	9.6%	7.4%
科技投入	年平均科技活动投入强度	8.5%	9.2%	7.0%	6.2%	4.7%

国家高新区瞪羚企业业绩表现全面优于高新区平均水平。3336家国家高新区瞪羚企业以2.4%的数量占比，贡献了3.5%的工业总产值、3.7%的营业收入、6.1%的净利润、4.0%的出口、3.5%的实际上缴税费、5.0%的从业人员数量。同时，瞪羚企业的技术收入总额占比为7.7%，科技活动人员占比为7.8%，表现了瞪羚企业在引领新经济创新发展方面的突出作用（表1–2）。

表1–2 瞪羚企业各项指标占高新区入统企业比例

指标	瞪羚企业	高新区总体	占比
企业数（家）	3336	141 147	2.4%
高新技术企业数（家）	3077	79 579	3.9%
工业总产值（亿元）	8405.6	240 262.0	3.5%
年末资产（亿元）	18 811.0	595 646.3	3.2%
营业收入（亿元）	14 320.2	385 549.4	3.7%
技术收入（亿元）	3641.1	47 343.9	7.7%
净利润（亿元）	1591.0	26 097.4	6.1%
出口（亿元）	1635.5	41 371.5	4.0%
上缴税额（亿元）	653.1	18 594.3	3.5%
年末从业人员（人）	1 113 747	22 134 834	5.0%
科技活动人员（人）	364 404	4 659 444	7.8%

将瞪羚企业与高新区企业平均数据做比较可以看出，瞪羚企业在工业总产值、营业收入、净利润、总资产利润率、出口额、实际上缴税额、研发投入强度和科技活动人员方面，均大幅高于国家高新区入统企业的平均水平，分别达到高新区平均水平的1.5、1.6、2.6、2.2、1.7、1.5、2.0和3.3倍，是高新区企业中经营表现优异的企业群体（表1–3）。

表1-3 瞪羚企业与高新区入统企业各项经济指标均值对比

指标	瞪羚企业	高新区企业	倍数
工业总产值平均值（亿元）	2.5	1.7	1.5
全员劳动生产率（万元/人）	40.8	36.4	1.1
年末资产平均值（亿元）	5.6	4.2	1.3
营业收入平均值（亿元）	4.3	2.7	1.6
技术收入平均值（万元）	10 914.4	3354.2	3.3
净利润平均值（万元）	4769.1	1849.0	2.6
总资产利润率	9.5%	4.4%	2.2
出口创汇平均值（万元）	4902.7	2931.1	1.7
上缴税额平均值（万元）	1957.7	1317.4	1.5
平均研发投入强度	4.2%	2.1%	2.0
本科学历从业人员占比	50.2%	38.0%	1.3
科技活动人员平均值（人）	109	33	3.3

（二）瞪羚企业营业收入3年复合增长率达46.1%

国家高新区瞪羚企业表现出较高的成长性。国家高新区瞪羚企业营业收入2016—2019年3年复合增长率达46.1%，比2018年瞪羚企业复合增长率高出9个百分点；其中，营业收入3年复合增长率在20%～30%的瞪羚企业数量最多，共1157家，占比为34.7%；3年复合增长率在30%～40%的瞪羚企业有732家，占比为21.9%；3年复合增长率在40%～50%的瞪羚企业有480家，占比为14.4%；3年复合增长率达到100%以上的瞪羚企业有174家，占比为5.2%（表1-4）。

表1-4 瞪羚企业营业收入3年复合增长率分布

单位：家

收入3年复合增长率	企业数	占比[1]
100%及以上	174	5.2%
80%~100%[2]	147	4.4%
70%~80%	101	3.0%
60%~70%	188	5.6%
50%~60%	288	8.6%
40%~50%	480	14.4%
30%~40%	732	21.9%
20%~30%	1157	34.7%
10%~20%	38	1.1%
10%以下	31	0.9%

（三）四成以上瞪羚企业营业收入规模在1亿元以内

四成以上瞪羚企业营业收入规模集中在1亿元以内。3336家瞪羚企业2019年平均营业收入规模为4.3亿元。瞪羚企业营业收入规模分布不均衡，最高营业收入为623亿元，最低营业收入为1316万元。其中，收入大于10亿元的有249家，占比7.5%，较上年增加13家；收入在9亿~10亿元的有30家，占比0.9%；收入在8亿~9亿元的有26家，占比0.8%；收入在7亿~8亿元的有39家，占比1.2%；收入在6亿~7亿元的有46家，占比1.4%；收入在5亿~6亿元的有72家，占比2.2%，较上年增加20家，增速最高达38%；收入在4亿~5亿元的有104家，占比3.1%；收入在3亿~4亿元的有157家，占比4.7%；收入在2亿~3亿元的有315家，占比9.4%；收入在1亿~2亿元的有758家，占比22.7%；收入在1亿元以下的有1540家，占比46.2%，较上年增加178家，增加数量最多（表1-5）。

---

[1] 本报告因小数取舍而产生的误差均未做配平处理。

[2] 本章的数据区间中间值包含在区间左端，右端不包含，下同。例如，80%属于80%~100%区间。

表1-5 2019年国家高新区瞪羚企业营业收入分布

营业收入区间（元）	企业数（家）	数量占比	累计占比
1亿以下	1540	46.2%	46.2%
1亿~2亿	758	22.7%	68.9%
2亿~3亿	315	9.4%	78.3%
3亿~4亿	157	4.7%	83.0%
4亿~5亿	104	3.1%	86.2%
5亿~6亿	72	2.2%	88.3%
6亿~7亿	46	1.4%	89.7%
7亿~8亿	39	1.2%	90.9%
8亿~9亿	26	0.8%	91.6%
9亿~10亿	30	0.9%	92.5%
10亿以上	249	7.5%	100.0%

4.7%的瞪羚企业实现高速发展。3336家瞪羚企业中，成立5年内营业收入突破5亿元的有31家，占比为0.9%；企业成立10年内营业收入突破10亿元的有154家，占比为4.6%。上述两类企业数量共占本期3336家瞪羚企业总数的4.7%，比上年增加13家。

2019年，营业收入大于10亿元的瞪羚企业共有249家。其中，营业收入超过100亿元的有18家，占比为7.2%；营业收入80亿~100亿元的有8家，占比为3.2%；营业收入在10亿~20亿元的占比最高，共有137家企业，占群体数量的55.0%（表1-6）。

表1-6 2019年营业收入大于10亿元的瞪羚企业分布

营业收入区间（元）	企业数（家）	占比
100亿以上	18	7.2%
80亿~100亿	8	3.2%
70亿~80亿	6	2.4%
50亿~70亿	18	7.2%
30亿~50亿	30	12.1%

续表

营业收入区间（元）	企业数（家）	占比
20亿~30亿	32	12.9%
10亿~20亿	137	55.0%
总计	249	100.0%

营业收入大于10亿元的瞪羚企业中，四成以上企业的科技活动投入强度高于5%，其中，科技活动投入强度超过10%的企业数量占总体的18.9%（表1-7）。

表1-7 营业收入大于10亿元的瞪羚企业科技活动投入强度分布

单位：家

科技活动投入强度	企业数	占比
30%以上	8	3.2%
10%~30%	39	15.7%
7.5%~10%	17	6.8%
5%~7.5%	38	15.3%
0~5%	147	59.0%
总计	249	100.0%

营业收入大于10亿元的瞪羚企业中，从业人员规模在1000人以上的企业有116家，占比为46.6%；从业人员数量在500~1000人的企业有56家，占比为22.5%（表1-8）。

表1-8 营业收入大于10亿元的瞪羚企业从业人员数量分布

从业人员数量（人）	企业数（家）	占比
100以下	5	2.0%
100~300	27	10.8%
300~500	45	18.1%
500~1000	56	22.5%
1000以上	116	46.6%
总计	249	100.0%

从行业分布来看，营业收入大于10亿元的瞪羚企业中，绝大多数为战略性新兴产业，其中在新一代信息技术产业领域的企业最多，总体占比高达55.0%；非战略性新兴产业企业只有26家，占比为10.5%（表1-9）。

表1-9 营业收入大于10亿元的瞪羚企业所在产业分布

单位：家

战略性新兴产业	企业数	占比
新一代信息技术产业	137	55.0%
高端装备制造产业	23	9.3%
新材料产业	12	4.8%
生物产业	6	2.4%
新能源汽车产业	16	6.4%
新能源产业	7	2.8%
节能环保产业	12	4.8%
数字创意产业	7	2.8%
相关服务业	3	1.2%
非战略性新兴产业	26	10.5%
总计	249	100.0%

营业收入大于10亿元的瞪羚企业中，有六成以上的企业成立于2008—2012年，其中，2011年成立的瞪羚企业数量最多，有40家，占比为16.1%；其次有34家企业于2010年成立，占比为13.7%（表1-10）。

表1-10 营业收入大于10亿元的瞪羚企业成立时间

单位：家

企业注册时间	企业数	占比
2006年	27	10.9%
2007年	20	8.0%
2008年	26	10.5%
2009年	22	8.8%

续表

企业注册时间	企业数	占比
2010年	34	13.7%
2011年	40	16.1%
2012年	29	11.6%
2013年	25	10.0%
2014年	15	6.0%
2015年	9	3.6%
2016年	1	0.4%
2019年	1	0.4%
总计	249	100.0%

高新区瞪羚企业营业收入10亿元以上的249家企业中，有46家上市或挂牌。其中深交所中小板有10家，深交所创业板和上交所（含B股）各9家，新三板挂牌2家（表1-11）。

表1-11　46家上市或挂牌企业板块分布

单位：家

上市或挂牌板块	企业数
深交所中小板	10
上交所（含B股）	9
深交所创业板	9
香港	7
纳斯达克	4
纽约交易所	3
新三板	2
地方四板	2

（四）瞪羚企业平均实现净利润近5000万元

瞪羚企业群体盈利能力高于高新区平均水平。3336家瞪羚企业群体共实现净利润1591亿元，平均每家企业实现净利润4769万元，瞪羚企业群体平均净利润率为11.1%、平均资产利润率为9.8%、平均净资产利润率为18.1%，均高于高新区入统企业的平均水平。

从净利润分布来看，大部分瞪羚企业的净利润在0~2000万元，占瞪羚企业总数的58.4%。其中大部分集中于500万元以下，共999家，占比为29.9%；净利润达到1亿元以上的瞪羚企业共239家，占比为7.2%；有333家企业处于未盈利状态，占比为10.0%（表1-12）。

表1-12　2019年瞪羚企业净利润分布

净利润区间（元）	企业数（家）	占比
1亿以上	239	7.2%
8000万元~1亿	61	1.8%
6000万~8000万	109	3.3%
5000万~6000万	74	2.2%
4000万~5000万	103	3.1%
3000万~4000万	178	5.3%
2000万~3000万	291	8.7%
1000万~2000万	490	14.7%
500万~1000万	459	13.8%
0~500万	999	29.9%
未盈利[①]	333	10.0%

瞪羚企业群体2019年净利润率为11.1%，低于2018年瞪羚企业群体12.6%的净利润率，但仍远高于2019年高新区企业群体6.8%的利润率。从分布来看，瞪羚企业净利润率分布在0~5%的最多，共911家，占比为27.3%；分布在5%~10%的共750家，占比为22.5%；分布在10%~20%的共770家，占比为23.1%；分布在20%~30%的共323家，占比为9.7%；净利润率超过50.0%的瞪羚企业共69家，占比仅为2.1%；有333家瞪羚企业净利润率为负，占比为10.0%（表1-13）。

---

① 2019年3336家瞪羚企业中有333家企业净利润为负。

表1-13 2019年瞪羚企业净利润率分布

单位：家

净利润率区间	企业数	占比
50%以上	69	2.1%
30%~50%	180	5.4%
20%~30%	323	9.7%
10%~20%	770	23.1%
5%~10%	750	22.5%
0~5%	911	27.3%
负值	333	10.0%

3336家瞪羚企业群体2019年资产利润率为9.5%，高于国家高新区企业群体4.4%的资产利润率。资产利润率在0~5%的瞪羚企业最多，共866家，占瞪羚企业总数的26.0%；资产利润率超过30%的瞪羚企业有225家，占比为6.7%，和2018年相比占比有所下降（表1-14）。

表1-14 2019年瞪羚企业资产利润率分布

单位：家

资产利润率区间	企业数	占比
50%以上	54	1.6%
30%~50%	171	5.1%
20%~30%	287	8.6%
15%~20%	333	10.0%
10%~15%	511	15.3%
5%~10%	781	23.4%
0~5%	866	26.0%
负值[①]	333	10.0%

---

① 2019年3336家瞪羚企业中有333家企业资产利润率为负。

瞪羚企业群体2019年净资产利润率为18.1%，高于国家高新区企业群体10.3%的净资产利润率。净资产利润率在0～30%的瞪羚企业最多，共2252家，占瞪羚企业总数的67.6%；在30%～50%的瞪羚企业有504家，占比为15.1%；净资产利润率超过50.0%的瞪羚企业共270家，占比为8.1%（表1-15）。

表1-15 2019年瞪羚企业平均净资产利润率分布

单位：家

平均净资产利润率区间	企业数	占比
50%以上	270	8.1%
45%～50%	80	2.4%
40%～45%	107	3.2%
35%～40%	137	4.1%
30%～35%	180	5.4%
25%～30%	284	8.5%
20%～25%	355	10.6%
15%～20%	389	11.7%
10%～15%	449	13.5%
5%～10%	409	12.3%
0～5%	366	11.0%
负值[①]	310	9.3%

二、瞪羚企业保持轻资产、国际化发展

（一）瞪羚企业经营效率保持稳定增长

瞪羚企业人均效率稳定增长，人均利润稍有上涨。瞪羚企业2019年人均工业总产值78.9万元，同比增长13.9%，2015—2019年4年复合增长率为11.6%；人均营业收入134.4万元，同比增长1.9%，2015—2019年4年复合增长率为13.8%（图1-1）；人均

---

① 2019年3336家瞪羚企业中有310家企业平均净资产利润率为负。

利润总额16.8万元，同比增长0.6%（图1-2）。瞪羚企业2015—2017年净资产利润率逐年提高，由2015年的14.7%增长到2017年的19.3%，在2018年略有降低后，2019年提高至18.1%，但仍高于全国国有企业净资产利润率优秀值（11.8%），如图1-3所示[①]。

图1-1 2015—2019年瞪羚企业人均效率

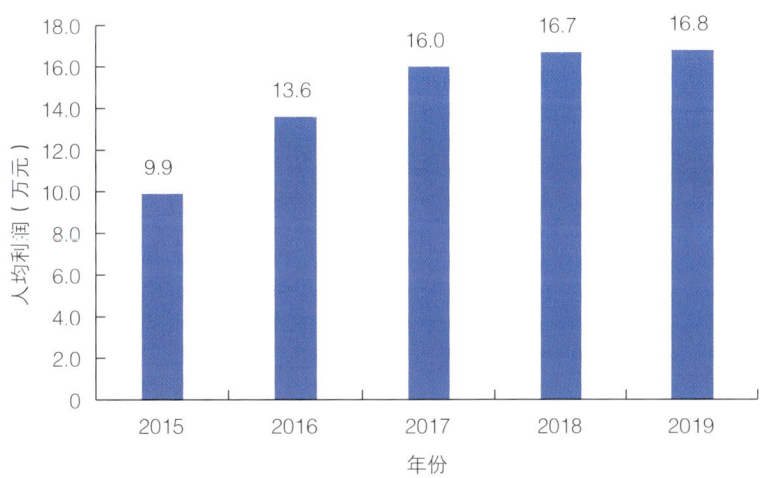

图1-2 2015—2019年瞪羚企业人均利润

---

① 国务院国资委考核分配局.企业绩效评价标准值2020[M].北京：经济科学出版社，2020.

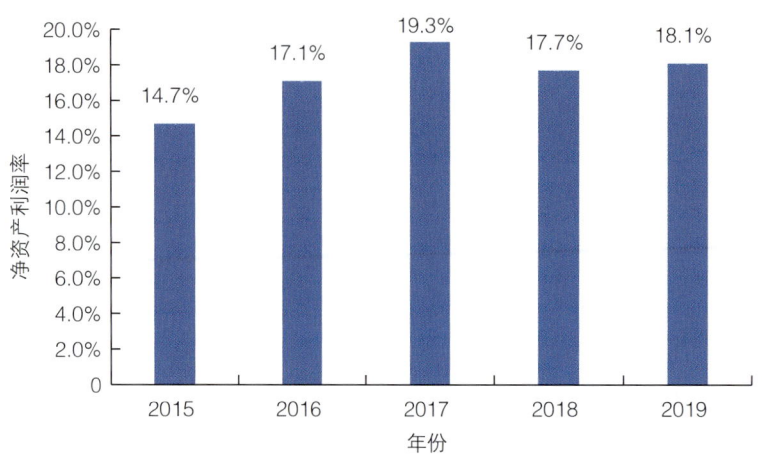

图1-3 2015—2019年瞪羚企业净资产利润率

（二）瞪羚企业总资产大幅下降

瞪羚企业总资产有所下降。2019年瞪羚企业资产总计18 811.2亿元，资产总额较上年下降34.4%，平均每家企业5.6亿元。流动资产在瞪羚企业资产结构中所占比重下降。2019年资产构成中流动资产共12 623.7亿元，占总资产的67.0%，较上年下降9个百分点，为近3年来最低水平（图1-4）。

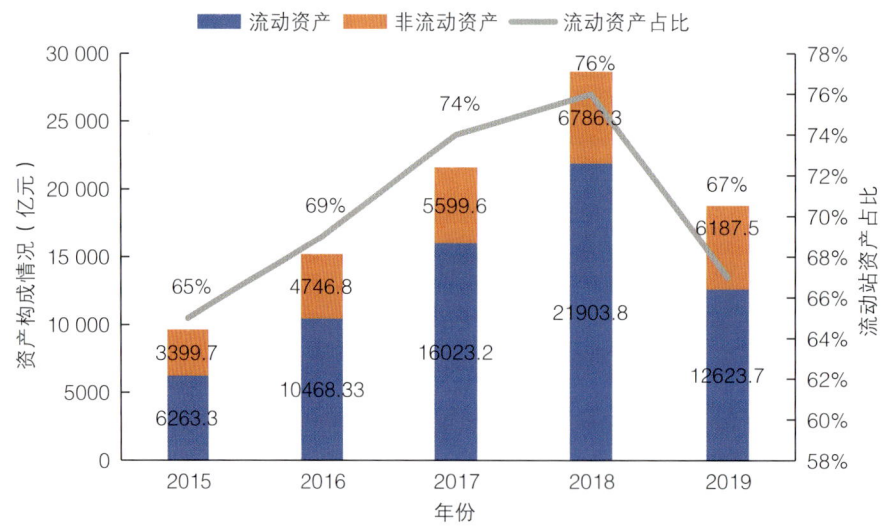

图1-4 2015—2019年瞪羚企业资产构成情况

（三）瞪羚企业持续布局海外市场

瞪羚企业在境外设立营销服务数量持续增多，境外技术研发机构数小幅下降。近年来，瞪羚企业愈加重视国际创新合作，通过国家高新区提供的全球创新资源链接渠道，开展多元化的创新活动。瞪羚企业2019年境外营销服务机构共263个，境外技术研发机构共89个。与2018年相比，境外营销机构增加了54个，境外技术研发机构减少了5个（图1-5）。

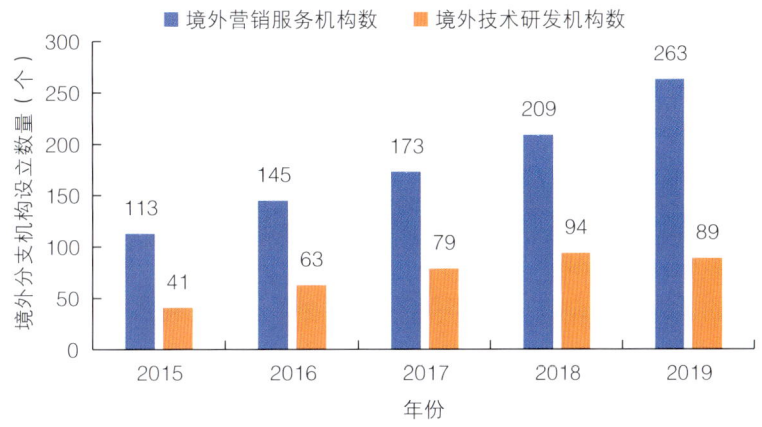

图1-5　2015—2019年瞪羚企业境外分支机构设立情况

瞪羚企业积极优化海外人才布局，海外人才数量一直保持在高水平。2019年，瞪羚企业的海外人才数量共计1.6万人，占从业人员总数的1.4%；其中留学归国人员10 482人、外籍常驻人员4028人、外籍专家1283人。2015—2019年，留学归国人员4年复合增长率为15.5%，外籍专家为1.2%，外籍专家占比较上年略有下降（图1-6）。

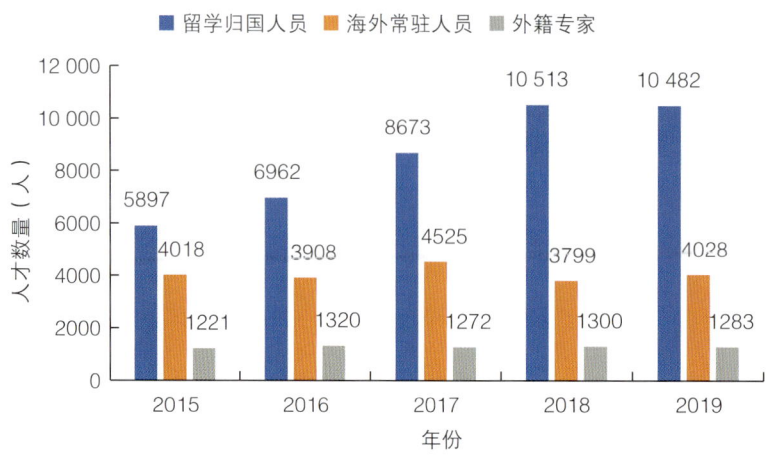

图1-6　2015—2019年瞪羚企业引进海外人才情况

近三成瞪羚企业有进出口业务。2019年度3336家瞪羚企业中共有1087家有对外进出口业务，占比为32.6%，比2018年有所增长；其中1052家有对外出口业务，占比为31.5%。1052家有对外出口业务的瞪羚企业中，以设备制造业为主，其中两成为计算机、通信和其他电子设备制造业（表1-16）。

表1-16　有出口业务的瞪羚企业行业分布

单位：家

二级行业大类	有出口业务的瞪羚企业数	占比
计算机、通信和其他电子设备制造业	223	21.2%
软件和信息技术服务业	123	11.7%
专用设备制造业	113	10.7%
通用设备制造业	102	9.7%
电气机械和器材制造业	92	8.7%
仪器仪表制造业	65	6.2%
化学原料和化学制品制造业	49	4.7%
其他	285	27.1%

瞪羚企业进出口规模有所下降，出口规模持续增长。瞪羚企业2019年进出口总额达到2303.6亿元，同比下降1.9%，4年复合增长率为12.4%；出口总额达到1635.5亿元，同比增长14.5%，4年复合增长率为23.7%（图1-7）。

图1-7 2015—2019年瞪羚企业进出口情况

2019年的瞪羚企业中,有1052家企业有对外出口业务,占所有企业的31.5%。其中,可追踪到的1001家企业中,754家企业出口总额大于2018年,占比为75.3%,247家企业2019年出口总额相比2018年有所减少,占比为24.7%(图1-8)。

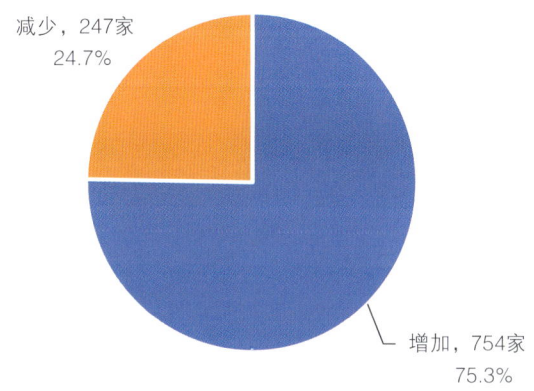

图1-8 瞪羚企业2019年出口与2018年出口变化情况

瞪羚企业高新技术产品及技术服务出口呈增长态势。瞪羚企业2019年高新技术产品出口额为1277.7亿元,同比增长18.8%,4年复合增长率为24.0%;技术服务出口总额为106.8亿元,同比增长118.4%,4年复合增长率为45.5%。2019年,瞪羚企业高新技术产品出口额占出口总额的78.1%,技术服务出口额占出口总额的6.5%,高新技术产品出口和技术服务出口占比都在2019年达到近5年峰值(图1-9、图1-10)。

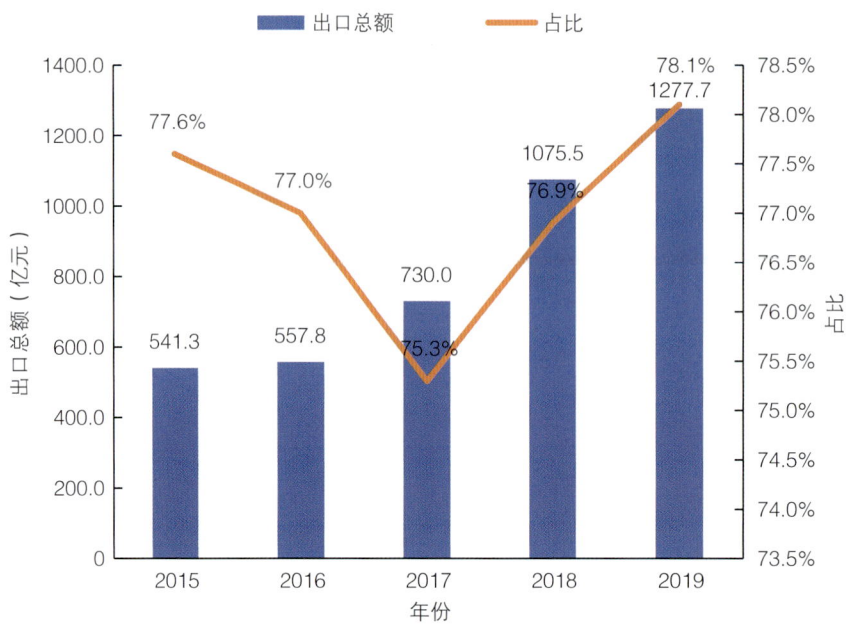

图1-9 2015—2019年瞪羚企业高新技术产品出口情况

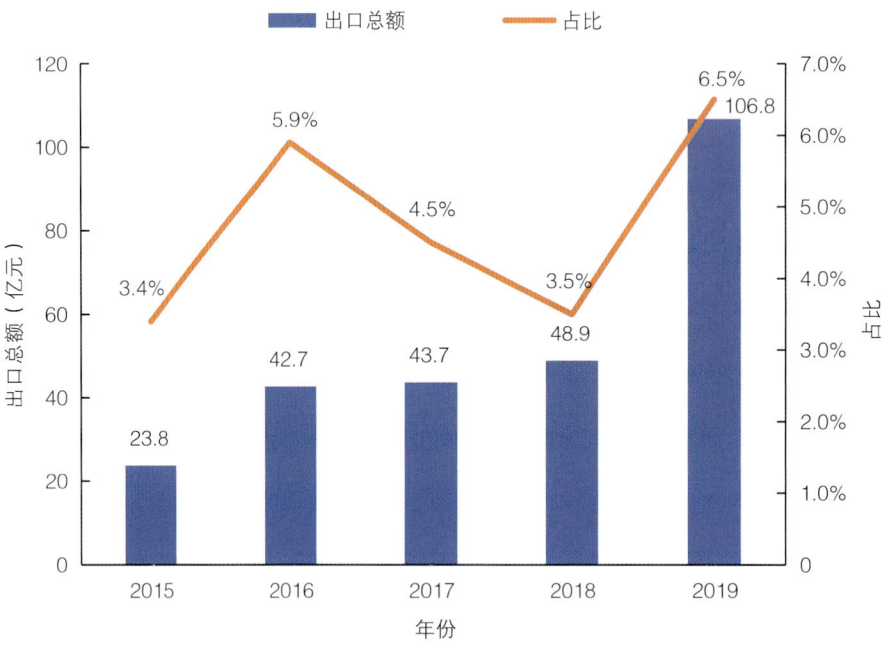

图1-10 2015—2019年瞪羚企业技术服务出口情况

瞪羚企业境外投资活动有所下降。2015—2017年，瞪羚企业对境外直接投资额逐年增加，2017年达到66.1亿元，2018年瞪羚企业对外直接投资额开始减少，2019年减至26.8亿元（图1-11）。

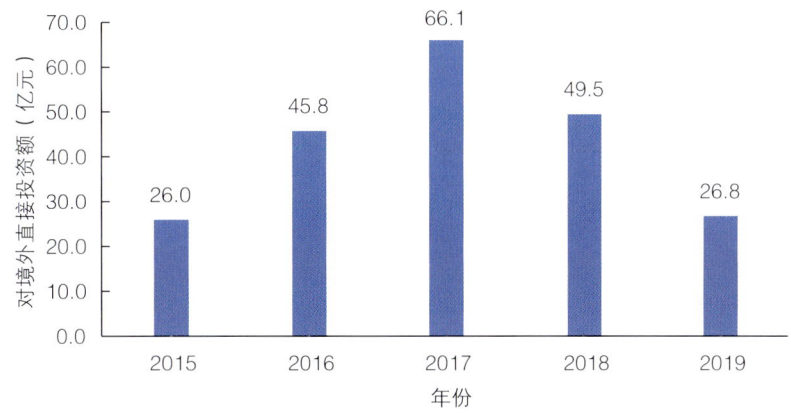

图1-11　2015—2019年瞪羚企业境外直接投资情况

国家高新区瞪羚企业发展报告2020

第二章 国家高新区瞪羚企业群体特征分析

一、高新技术企业及中小型企业是瞪羚企业的主体

3336家国家高新区瞪羚企业中八成以上为中小型企业,九成以上为高新技术企业,八成以上为民营企业。

(一)瞪羚企业群体八成以上为中小型企业,小微型企业占比上升

在2019年的3336家瞪羚企业中,中小型企业占比超过八成。具体来看,小型瞪羚企业数量最多,为1957家,占总体瞪羚企业的比例为58.7%,较2018年占比提升7.4%;其次数量较多的是中型瞪羚企业,为1009家,占总体瞪羚企业的比例为30.2%;大型瞪羚企业268家,占总体瞪羚企业的比例为8.0%;微型瞪羚企业数量由上年的4家上升为102家,占总体瞪羚企业的比例也上升到3.1%(表2-1)。

表2-1 大中小微型瞪羚企业情况

单位:家

类型	大型	中型	小型	微型	合计
企业数	268	1009	1957	102	3336
占比	8.0%	30.2%	58.7%	3.1%	100.0%

（二）近九成瞪羚企业持续经营时间在 6 年及以上

瞪羚企业平均持续经营时间约为9年。绝大多数瞪羚企业成立时间达到6年及以上（2968家，占89.0%），超过半数的企业（1853家，占55.6%）成立时间在2010年及以前，企业持续经营时间达到9年及以上。2014年及以后成立的瞪羚企业为368家，仅占瞪羚企业总数的11.1%，说明绝大多数瞪羚企业持续经营时间在6年及以上，瞪羚企业经营持续性良好（表2-2、图2-1）。

表2-2 瞪羚企业持续经营时间分布

注册时间	持续经营时间（年）	企业数（家）	占比
2006年	13	353	10.6%
2007年	12	358	10.7%
2008年	11	339	10.2%
2009年	10	383	11.5%
2010年	9	420	12.6%
2011年	8	468	14.0%
2012年	7	345	10.3%
2013年	6	302	9.1%
2014年	5	239	7.2%
2015年	4	116	3.5%
2016年	3	10	0.3%
2017年	2	0	0
2018年	1	2	0.1%
2019年	小于1	1	0.0%
总计		3336	100.0%

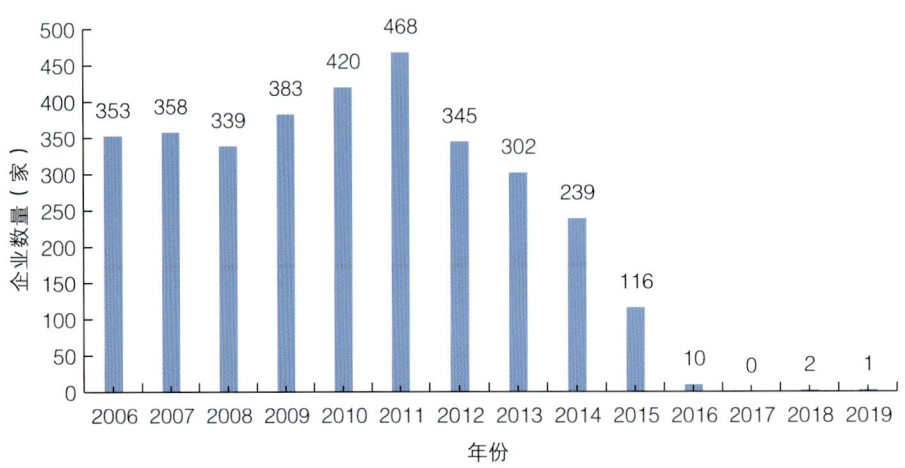

图2-1 瞪羚企业注册时间分布

（三）瞪羚企业多为民营企业和高新技术企业

民营企业是高新区瞪羚企业的主体。从企业的控股情况来看，3336家瞪羚企业中，80.6%为私人控股，近5.7%为国有控股。私人控股及私营企业仍是瞪羚企业的主力（图2-2）。

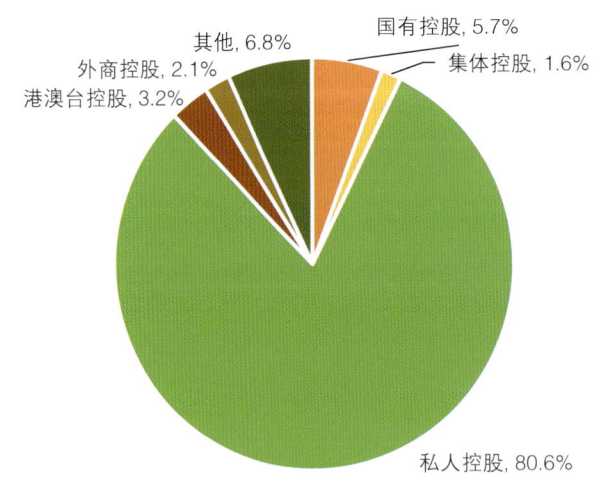

图2-2 2019年瞪羚企业控股情况

九成以上瞪羚企业被认定为高新技术企业。3336家瞪羚企业中被认定为高新技术企业的有3077家，占瞪羚企业总数的92.2%。瞪羚企业中高新技术企业占比远高于高新区整体水平：在全国高新区2019年纳入统计范围内的141 147家企业中，高新技术企业占比为56.4%，瞪羚企业中高新技术企业占比高出高新区平均35.8个百分点（图2-3）。

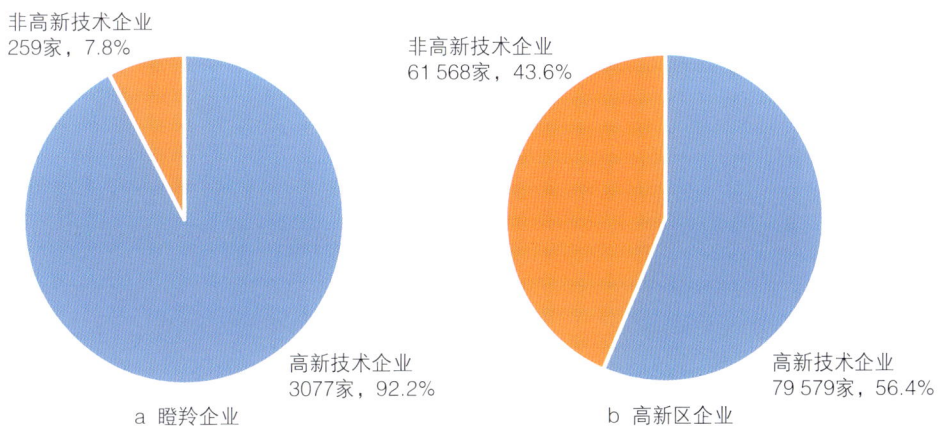

图2-3 瞪羚企业获得高新技术企业认定情况

历年瞪羚企业群体中，高新技术企业数量不断增加。从2013—2019年瞪羚企业群体中高新技术企业数量和占比来看，高新技术企业数量稳定增加，占比从2013年的75.6%上升至2019年的92.2%，瞪羚企业中绝大部分企业是高新技术企业（图2-4）。

图2-4 历年瞪羚企业群体高新技术企业占比

此外，所有高新技术企业中，规模以上高新技术企业有2683家，占所有高新技术企业的87.2%。259家非高新技术企业均为规模以上工业企业[①]。

---

① 规模以上工业企业，指年营业收入超过2000万元的工业企业。

第二章 国家高新区瞪羚企业群体特征分析

（四）瞪羚企业人员规模集中分布在 100 ~ 299 人

2019年，3336家瞪羚企业期末从业人数为111.4万人，平均每家企业期末拥有从业人员334人。其中，从业人员数量在100~299人的企业数量最多，共1218家，占瞪羚企业总数的36.5%；从业人员数量超过1000人的瞪羚企业有180家，占比为5.4%（表2-3、图2-5）。

表2-3 瞪羚企业从业人员数量分布

从业人员数量（人）	企业数（家）	占比
20以下	75	2.2%
20~49	480	14.4%
50~99	810	24.3%
100~299	1218	36.5%
300~499	359	10.8%
500~999	214	6.4%
1000及以上	180	5.4%

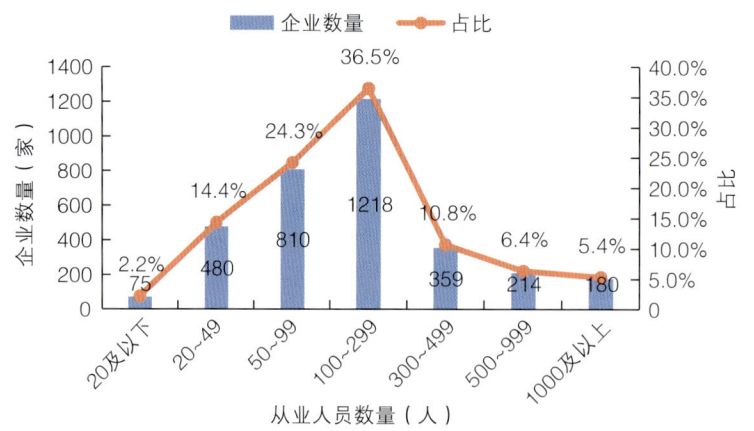

图2-5 瞪羚企业从业人员数量分布

二、瞪羚企业群体中新晋瞪羚企业占比过半

五成以上瞪羚企业系首次入选瞪羚企业榜单。2019年3336家国家高新区瞪羚企业中,共有1914家企业为首次入选瞪羚企业名单,占比为57.4%。

(一)新晋瞪羚企业主要分布在世界一流园区

世界一流高科技园区[①]新晋瞪羚企业共有962家。其中,中关村新晋瞪羚企业315家、上海张江158家、深圳147家、广州88家、武汉东湖57家、苏州工业园区51家、西安48家、成都40家、杭州32家、合肥26家(表2-4)。

表2-4 世界一流高科技园区新晋瞪羚企业数量

单位:家

序号	世界一流高科技园区的高新区	新晋瞪羚企业数
1	中关村	315
2	上海张江	158
3	深圳	147
4	广州	88
5	武汉东湖	57
6	苏州工业园区	51
7	西安	48
8	成都	40
9	杭州	32
10	合肥	26
总计		962

全国10家世界一流高科技园区的新晋瞪羚企业在2019年平均营业收入、平均总资产、平均期末从业人员数量等经济指标上的情况如表2-5所示。

---

① 按照科技部火炬中心对园区的分类指导,截至2019年年底,建设世界一流高科技园区的高新区共10个。

表2-5 世界一流高科技园区新晋瞪羚企业经济指标分析

世界一流高科技园区	平均营业收入（亿元）	平均总资产（亿元）	平均从业人员数量（人）	平均出口总额（万元）	科技活动投入强度	净利润率	平均实际上缴税费（万元）	科技活动人员占比
合肥	1.3	1.4	150	2191.7	13.1%	14.1%	830.5	48.2%
成都	1.0	1.4	164	1048.1	10.2%	10.7%	546.6	46.5%
深圳	3.0	2.4	221	9710.7	5.6%	10.5%	901.9	44.0%
上海张江	1.7	3.5	149	1146.1	12.0%	7.1%	724.2	51.9%
中关村	1.5	2.4	167	473.6	12.9%	5.7%	654.3	46.2%
苏州工业园区	1.6	2.2	127	3828.3	23.4%	30.2%	967.2	50.9%
广州	2.2	1.9	235	4358.8	10.9%	8.4%	679.9	41.9%
杭州	0.9	1.4	155	366.4	23.6%	11.3%	781.1	56.5%
武汉东湖	0.8	1.6	142	301.4	10.4%	10.4%	407.7	43.8%
西安	1.1	1.5	139	455.9	8.0%	9.8%	500.7	39.0%
新晋瞪羚企业	2.0	2.4	172	2546.1	11.0%	9.3%	796.7	38.0%

（二）三成新晋瞪羚企业分布在中关村、上海张江和深圳

新晋瞪羚企业主要分布在中关村、上海张江、深圳、广州高新区。三成新晋瞪羚企业分布在中关村（315家，16.5%）、上海张江（158家，8.3%）和深圳（147家，7.7%）。其他分布较多的高新区有广州、武汉东湖、苏州工业园区、西安、南京、成都、长沙等（表2-6）。

表2-6 新晋瞪羚企业高新区分布（前20位）

单位：家

高新区	新晋瞪羚企业数	占比
中关村	315	16.5%
上海张江	158	8.3%
深圳	147	7.7%
广州	88	4.6%
武汉东湖	57	3.0%

续表

高新区	新晋瞪羚企业数	占比
苏州工业园区	51	2.7%
西安	48	2.5%
南京	45	2.4%
成都	40	2.1%
长沙	34	1.8%
佛山	34	1.8%
厦门	33	1.7%
杭州	32	1.7%
苏州	30	1.6%
无锡	26	1.4%
昆山	26	1.4%
合肥	26	1.4%
常州	24	1.3%
宁波	24	1.3%
萧山	23	1.2%

（三）新晋瞪羚企业规模小、增速快、九成企业成立5年以上

超九成新晋瞪羚企业注册时间在5年及以上。新晋瞪羚企业的成立时间分布与瞪羚企业群体基本保持一致，共有1808家新晋瞪羚企业注册时间在2014年及以前，占新晋瞪羚企业群体的94.5%，表明超九成新晋瞪羚企业注册时间在5年及以上（图2-6）。

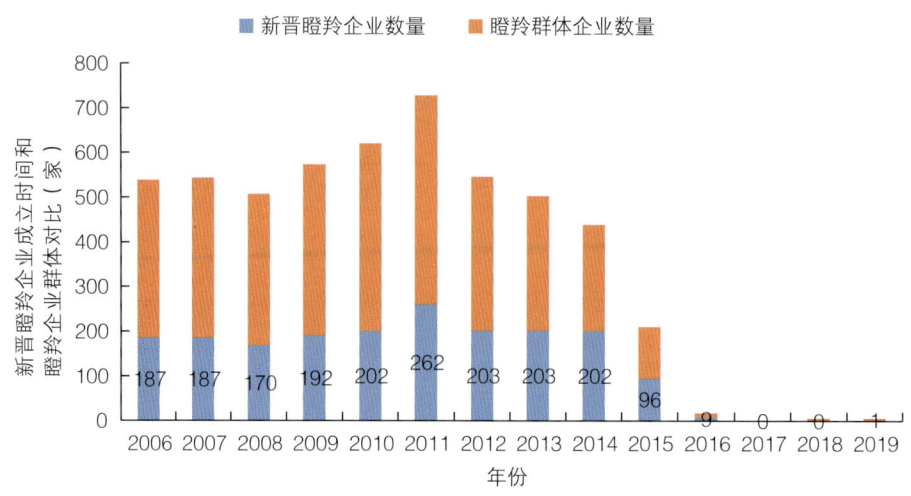

图2-6 2006—2019年新晋瞪羚企业注册时间分布

相比瞪羚企业群体，新晋瞪羚企业规模更小，增速更高。从规模来看，新晋瞪羚企业的营业收入平均值为2.0亿元，低于2019年瞪羚企业群体的4.3亿元。从分布来看，收入规模处于0.2亿～1亿元的企业数量最多，为1082家，占新晋瞪羚企业数的56.5%。同时，新晋瞪羚企业的从业人员数、工业总产值、年末资产平均值也低于2019年瞪羚企业群体平均值。但在营业收入3年复合增长率上，新晋瞪羚企业比瞪羚企业群体更高，为47.0%，新晋瞪羚企业表现出更快的增长速度（表2-7、图2-7）。

表2-7 新晋瞪羚企业与瞪羚企业群体经济表现对比

2019年经济指标	新晋瞪羚企业均值	瞪羚企业群体均值	倍数
工业总产值平均值（亿元）	1.5	2.5	0.6
年末资产平均值（亿元）	2.4	5.6	0.4
营业收入平均值（亿元）	2.0	4.3	0.5
营业收入3年复合增长率	47.0%	46.1%	1.0
年末从业人员平均值（人）	188	334	0.6

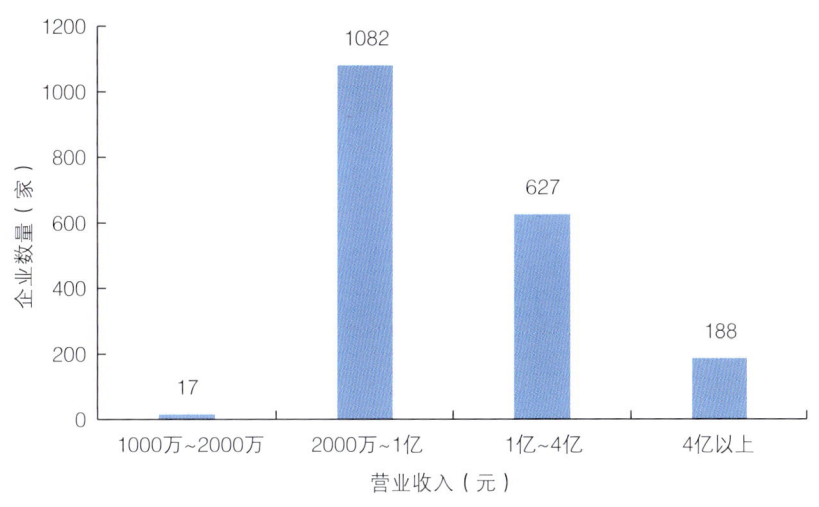

图2-7　2019年新晋瞪羚企业营业收入分布

(四) 新晋瞪羚企业在制造业领域占比更高

按照行业门类划分,相比瞪羚企业整体,新晋瞪羚企业更多分布在制造业。新晋瞪羚企业的行业分布与瞪羚企业整体基本保持一致,主要集中在制造业,信息传输、软件和信息技术服务业,科学研究和技术服务业三大行业门类。其中,制造业中瞪羚企业占比略高于瞪羚企业整体,信息传输、软件和信息技术服务业及科学研究和技术服务业中瞪羚企业占比则略低于瞪羚企业整体(表2-8)。

表2-8　新晋瞪羚企业一级行业门类分布

单位：家

行业分类	新晋瞪羚企业	新晋瞪羚企业占比	瞪羚企业群体	瞪羚企业群体占比
制造业	1127	58.9%	1910	57.3%
信息传输、软件和信息技术服务业	560	29.3%	1032	30.9%
科学研究和技术服务业	125	6.5%	225	6.7%

按照战略新兴产业大类划分,相比瞪羚企业群体,新晋瞪羚企业更多分布在高端装备制造产业。新晋瞪羚企业在战略新兴产业分布方面与瞪羚企业群体基本保持一致,主要集中在新一代信息技术产业、高端装备制造产业两大类。从新兴产业中分类来看,高端装备制造业(17.3%)中大部分为智能制造装备产业(13.8%),且其占

比略高于瞪羚企业群体（11.8%）；高效节能产业占比（13.0%）也略高于瞪羚企业群体（11.2%），具体如表2-9、表2-10所示。

表2-9 新晋瞪羚企业战略新兴产业大类分布

单位：家

战略新兴行业大类	新晋瞪羚企业	新晋瞪羚企业占比	瞪羚企业群体	瞪羚企业群体占比
新一代信息技术产业	741	38.7%	1410	42.3%
高端装备制造产业	332	17.3%	513	15.4%
新材料产业	166	8.7%	275	8.2%
生物产业	143	7.5%	281	8.4%
新能源汽车产业	119	6.2%	179	5.4%
新能源产业	21	1.1%	47	1.4%
节能环保产业	106	5.5%	173	5.2%
数字创意产业	34	1.8%	50	1.5%
相关服务业	10	0.5%	21	0.6%

表2-10 新晋瞪羚企业战略新兴产业中类分布（前十大行业分布）

单位：家

战略新兴行业中类	新晋瞪羚企业	新晋瞪羚企业占比	瞪羚企业群体	瞪羚企业群体占比
新兴软件和新型信息技术服务	433	22.6%	806	24.2%
智能制造装备产业	264	13.8%	393	11.8%
高效节能产业	248	13.0%	375	11.2%
电子核心产业	146	7.6%	291	8.7%
互联网与云计算、大数据服务	136	7.1%	258	7.7%
新能源汽车装置、配件制造	135	7.1%	202	6.1%
先进环保产业	134	7.0%	225	6.7%
生物医药产业	103	5.4%	188	5.6%
下一代信息网络产业	96	5.0%	177	5.3%
海洋工程装备产业	68	3.6%	111	3.3%

对1914家新晋瞪羚企业名称进行分词分析，出现频率排名前十的关键词为科技、技术、信息、材料、电子、电气、发展、智能、自动化、网络科技；相对瞪羚企业群体，新晋瞪羚企业名称关键词中出现频率更高的为自动化、网络科技、机械、机电、工业（图2-8）。

图2-8　2019年新晋瞪羚企业名称关键词

国家高新区瞪羚企业发展报告2020

国家高新区

第三章

瞪羚企业行业及领域分析

一、瞪羚企业行业分布广泛

瞪羚企业分布在16个行业门类，61个行业大类，在国民经济行业的97个大类中占比高达62.9%，发展较为多元化。此外，61.9%的瞪羚企业分布于高技术产业，其经济表现优于高新区入统企业平均水平，将继续引领高新区高技术产业创新发展。

瞪羚企业主要集中在制造业和信息服务等行业门类。其中制造业的瞪羚企业数量最多，达到1910家，占总数的57.3%；信息传输、软件和信息技术服务业的瞪羚企业数量为1032家，占总数的30.9%；科学研究和技术服务业的瞪羚企业数量为225家，占总数的6.7%（表3-1）。

表3-1 国家高新区瞪羚企业一级行业门类分布

单位：家

行业门类	瞪羚企业数	占比
制造业	1910	57.3%
信息传输、软件和信息技术服务业	1032	30.9%
科学研究和技术服务业	225	6.7%
批发和零售业	50	1.5%
水利、环境和公共设施管理业	28	0.8%
建筑业	25	0.7%
租赁和商务服务业	18	0.5%

续表

行业门类	瞪羚企业数	占比
教育	12	0.4%
金融业	9	0.3%
电力、热力、燃气及水生产和供应业	6	0.2%
卫生和社会工作	5	0.1%
居民服务、修理和其他服务业	5	0.1%
农、林、牧、渔业	4	0.1%
文化、体育和娱乐业	3	0.1%
交通运输、仓储和邮政业	2	0.1%
采矿业	2	0.1%

瞪羚企业所处行业大类共61个，分布于62.9%的行业。在这61个行业大类中，瞪羚企业数量排名位居前三的行业分别是软件和信息技术服务业，计算机、通信和其他电子设备制造业，专用设备制造业；拥有50家以上瞪羚企业的行业有16个，拥有20～50家瞪羚企业的行业有4个，拥有10～20家瞪羚企业的行业有3个（表3-2）。

表3-2　国家高新区瞪羚企业二级行业大类分布（前20位）

单位：家

行业大类	瞪羚企业数	占比
软件和信息技术服务业	881	26.4%
计算机、通信和其他电子设备制造业	381	11.4%
专用设备制造业	276	8.3%
通用设备制造业	254	7.6%
电气机械和器材制造业	212	6.4%
仪器仪表制造业	166	5.0%
互联网和相关服务	143	4.3%
科技推广和应用服务业	109	3.3%
化学原料和化学制品制造业	105	3.1%

续表

行业大类	瞪羚企业数	占比
医药制造业	98	2.9%
汽车制造业	84	2.5%
金属制品业	67	2.0%
专业技术服务业	60	1.8%
研究和试验发展	56	1.7%
橡胶和塑料制品业	52	1.6%
非金属矿物制品业	51	1.5%
批发业	44	1.3%
有色金属冶炼和压延加工业	39	1.2%
其他制造业	35	1.0%
生态保护和环境治理业	26	0.8%
其他	197	5.9%

瞪羚企业主要集中在先进制造业、互联网与现代信息技术服务业等新产业新业态新商业模式（简称"三新"）行业。根据国家统计局有关分类，国家高新区瞪羚企业中88.0%分布在9个新产业新业态新商业模式行业分类[①]大类：其中先进制造业的瞪羚企业数量最多，达到1658家，占总数的49.7%；互联网与现代信息技术服务业的企业数量为975家，占总数的29.2%；现代技术服务与创新创业服务业的瞪羚企业数量为187家，占总数的5.6%（表3-3）。

表3-3 国家高新区瞪羚企业三新分类

单位：家

三新大类	企业数	占比
先进制造业	1658	49.7%
互联网与现代信息技术服务	975	29.2%

---

① 以国家统计局《新产业新业态新商业模式统计分类（2018）》为标准，根据瞪羚企业《国民经济行业分类》（GB/T 4754—2017）代码和主营业务范围，对瞪羚企业进行统计分类。

续表

三新大类	企业数	占比
现代技术服务与创新创业服务	187	5.6%
高效节能活动	65	1.9%
现代生产性服务活动	28	0.8%
新型生活性服务活动	12	0.4%
新型能源活动	6	0.2%
现代农林牧渔业	3	0.1%
现代综合管理活动	1	0.0%
三新合计	2935	88.0%

瞪羚企业主要集中在新一代信息技术产业与高端装备制造产业等战略性新兴产业。根据国家统计局有关分类，国家高新区瞪羚企业中88.4%分布在9个战略性新兴产业[①]大类：其中新一代信息技术产业的瞪羚企业数量最多，达到1410家，占总数的42.3%；高端装备制造产业的瞪羚企业数量为513家，占总数的15.4%；生物产业的瞪羚企业数量为281家，占总数的8.4%（表3-4）。

表3-4 国家高新区瞪羚企业战略性新兴产业大类分布

单位：家

战略大类	企业数	占比
新一代信息技术产业	1410	42.3%
高端装备制造产业	513	15.4%
生物产业	281	8.4%
新材料产业	275	8.2%
新能源汽车产业	179	5.4%
节能环保产业	173	5.2%

---

① 以国家统计局《战略性新兴产业分类（2018）》为标准，根据瞪羚企业《国民经济行业分类》（GB/T 4754—2017）代码和主营业务范围，对瞪羚企业进行统计分类。

续表

战略大类	企业数	占比
数字创意产业	50	1.5%
新能源产业	47	1.4%
相关服务业	21	0.6%
战略性新兴产业合计	2949	88.4%

小型瞪羚企业主要分布在制造业，微型瞪羚企业主要分布在信息传输、软件和信息技术服务业。在16个行业门类中，大型、微型瞪羚企业主要集中于信息传输、软件和信息技术服务业；中型、小型瞪羚企业集中分布于制造业（表3-5）。

表3-5　大中小微型瞪羚企业所属行业分析

单位：家

行业门类	大型	中型	小型	微型	合计
制造业	87	442	1379	3	1911
信息传输、软件和信息技术服务业	120	418	397	97	1032
科学研究和技术服务业	36	72	115	2	225
其他	25	77	66	0	168
总计	268	1009	1957	102	3336

二、九成以上瞪羚企业属于高新技术领域

根据《高新技术企业认定管理办法》中企业核心技术所属国家重点支持的高新技术领域，瞪羚企业中属于高新技术领域的有3297家，占瞪羚企业群体数量的98.8%。其中，分布于电子与信息领域的瞪羚企业最多，共1348家，占总体瞪羚企业数量的40.4%；其次依次分布在先进制造与自动化、新材料、高技术服务、生物与新医药等领域，瞪羚企业数量分别为676家、378家、361家和261家，占比分别为20.3%、11.3%、10.8%、7.8%（表3-6）。

表3-6 高新技术领域瞪羚企业数量分布

单位：家

领域	企业数	占总体瞪羚企业比例
电子与信息	1348	40.4%
先进制造与自动化	676	20.3%
新材料	378	11.3%
高技术服务	361	10.8%
生物与新医药	261	7.8%
新能源与节能	142	4.3%
资源与环境	109	3.3%
航空航天	22	0.7%
合计	3297	98.8%

航空航天领域瞪羚企业平均营业收入规模最大。高新技术领域瞪羚企业平均营业收入为4.3亿元。其中，航空航天、新能源与节能、电子与信息领域的平均营业收入规模较大，平均营业收入分别为12.8亿元、8.3亿元和5.2亿元，均高于整体瞪羚企业平均水平。

航空航天领域瞪羚企业平均净利润最高。高新技术领域瞪羚企业平均净利润为4819.5万元。其中，航空航天、电子与信息、新能源与节能领域的平均净利润较高，平均净利润分别为19 690.9万元、6312.5万元和5508.5亿元，均高于整体瞪羚企业平均水平。

航空航天领域瞪羚企业平均期末从业人数最多。高新技术领域瞪羚企业平均期末从业人数为336人，其中，航空航天、高技术服务、电子与信息、新能源与节能领域的平均期末从业人数较多，平均期末从业人数分别为875人、449人、397人和341人，均高于整体瞪羚企业平均水平（表3-7）。

表3-7 高新技术领域瞪羚企业平均规模

	平均营业收入（亿元）	平均净利润（万元）	平均期末从业人数（人）
电子与信息	5.2	6312.5	397
生物与新医药	2.1	3387.6	229
航空航天	12.8	3387.6	875
新材料	4.1	3432.2	291
高技术服务	3.1	19 692.2	449
新能源与节能	8.3	3432.2	341
资源与环境	2.8	3859.0	141
先进制造与自动化	3.2	5508.7	232
总体平均值	4.3	4819.5	336

生物与新医药领域瞪羚企业平均科技活动投入强度最高。高新技术领域瞪羚企业平均科技活动投入强度为8.5%，其中，生物与新医药、电子与信息和高技术服务领域的瞪羚企业平均科技活动投入强度较高，分别为11.6%、11.3%和9.0%（表3-8）。

表3-8 高新技术领域瞪羚企业平均科技活动投入强度

领域	科技活动投入强度
生物与新医药	11.6%
电子与信息	11.3%
高技术服务	9.0%
航空航天	6.5%
先进制造与自动化	4.7%
资源与环境	4.6%
新材料	4.3%
新能源与节能	3.8%
总体平均值	8.5%

航空航天领域瞪羚企业每万名R&D人员专利授权数量最多。高新技术领域瞪羚企业平均每万名R&D人员专利授权数为3235件，其中，航空航天、资源与环境、先进制造与自动化领域每万名R&D人员专利授权数较高，每万名R&D人员专利授权数分别为9105件、4488件和2810件。

航空航天领域瞪羚企业每百家企业商标拥有量最多。高新技术领域瞪羚企业每百家企业平均商标拥有量为2079件，其中，航空航天、电子与信息、生物与新医药每百家企业商标拥有量较高，每百家企业商标拥有量分别为8659件、3379件和2049件（表3-9）。

表3-9 高新技术领域瞪羚企业研发活动产出水平

领域	每万名R&D人员专利授权数（件）	每百家企业商标拥有量（件）
电子与信息	1892	3379
生物与新医药	1691	2049
航空航天	9105	8659
新材料	2287	786
高技术服务	1159	1927
新能源与节能	2448	958
资源与环境	4488	580
先进制造与自动化	2810	201
总体平均值	3235	2317

三、六成以上瞪羚企业集中分布于高技术产业

3336家瞪羚企业中有2066家从事高技术产业[①]，占瞪羚企业总数的61.9%。高技术产业中，高技术制造业瞪羚企业有794家，高技术服务业瞪羚企业有1272家，分别占瞪羚企业总数的23.8%和38.1%。其中，信息服务业瞪羚企业数量最多，共1032家，占瞪羚企业总数的30.9%（表3-10）。

---

① 根据国家统计局高技术产业的行业标准进行分类。

表3-10 瞪羚企业在高技术产业的分布

单位：家

高技术产业	瞪羚企业数量	占比
高技术制造业合计	794	23.8%
电子及通信设备制造业	391	11.7%
医疗仪器设备及仪器仪表制造业	245	7.3%
医药制造业	98	2.9%
计算机及办公设备制造业	50	1.5%
航空、航天器及设备制造业	9	0.3%
信息化学品制造业	1	0.0%
高技术服务业合计	1272	38.1%
信息服务	1032	30.9%
科技成果转化服务	108	3.2%
研发与设计服务	69	2.1%
环境监测及治理服务	28	0.8%
专业技术服务业的高技术服务	15	0.4%
检验检测服务	11	0.3%
电子商务服务	8	0.2%
知识产权及相关法律服务	1	0.0%
高技术产业总计	2066	61.9%

高技术产业瞪羚企业引领发展。高技术制造业中，794家瞪羚企业的营业收入、净利润率和从业人员数量平均值分别是高新区企业平均水平的1.1倍、1.3倍和1.1倍；高技术服务业中，1272家企业瞪羚企业的营业收入、净利润率和从业人员数平均值分别是高新区企业平均水平的4.5倍、1.7倍和2.7倍，高技术服务业中瞪羚企业经济表现优于高新区入统企业（表3-11）。

表3-11 高技术产业中瞪羚企业与高新区企业经济指标均值对比

高技术行业	企业数（家）			营业收入平均值（万元）			平均净利润率			从业人员数量平均值（人）			净利润平均值（万元）		
	瞪羚企业	高新区企业	占比	瞪羚企业	高新区企业	对比	瞪羚企业	高新区企业	对比	瞪羚企业	高新区企业	对比	瞪羚企业	高新区企业	对比
高技术制造业合计	794	18 166	4.4%	44 396.3	40 703.2	1.1	9.5%	7.1%	1.3	368	257	1.4	4228.6	2900.0	1.5
医药制造业	98	2747	3.6%	23 075.1	36 589.3	0.6	19.0%	13.7%	1.4	239	279	0.9	4391.2	5027.1	0.9
航空、航天器及设备制造业	9	444	2.0%	33 664.7	46 642.8	0.7	8.5%	7.7%	1.1	352	466	0.8	2859.8	3584.7	0.8
电子及通信设备制造业	391	8030	4.9%	70 475.9	56 363.8	1.3	8.1%	5.8%	1.4	535	325	1.6	5719.9	3251.5	1.8
计算机及办公设备制造业	50	1117	4.5%	24 344.0	94 751.3	0.3	7.6%	4.2%	1.8	207	443	0.5	1852.1	3933.6	0.5
医疗仪器设备及仪器仪表制造业	245	5771	4.2%	15 917.4	10 124.5	1.6	14.7%	11.5%	1.3	186	100	1.9	2333.7	1167.9	2.0
信息化学品制造业	1	57	1.8%	13 244.2	23 280.4	0.6	4.3%	2.8%	1.5	245	485	0.5	564.2	642.0	0.9
高技术服务业合计	1272	55 513	2.3%	43 402.9	9666.7	4.5	14.7%	8.6%	1.7	357	84	4.3	6360.5	827.5	7.7
信息服务	1032	38 330	2.7%	49 245.7	9904.7	5.0	14.9%	9.8%	1.5	399	87	4.6	7354.2	972.3	7.6
电子商务服务	8	84	9.5%	88 131.8	66 126.3	1.3	7.2%	5.6%	1.3	257	249	1.0	6345.7	3680.1	1.7
检验检测服务	11	1302	0.8%	8035.1	4711.0	1.7	20.0%	16.3%	1.2	195	103	1.9	1607.4	768.3	2.1
专业技术服务业的高技术服务	15	1873	0.8%	20 090.8	40 168.0	0.5	17.4%	7.1%	2.5	242	244	1.0	3488.9	2844.3	1.2
研发与设计服务	69	4542	1.5%	13 280.6	7910.4	1.7	13.8%	3.3%	4.2	225	78	2.9	1827.8	262.8	7.0
科技成果转化服务	108	7793	1.4%	16 615.5	3256.3	5.1	10.4%	0.6%	17.3	139	33	4.2	1729.1	18.5	93.5
知识产权及相关法律服务	1	286	0.3%	15 251.7	2903.8	5.3	11.2%	7.3%	1.5	257	59	4.4	1710.4	212.7	8.0
环境监测及治理服务	28	1303	2.1%	20 214.0	6078.6	3.3	11.6%	8.0%	1.5	124	51	2.4	2346.6	485.7	4.8

四、瞪羚企业中制造业企业占比有所回升

(一)瞪羚企业中制造业企业占比有所回升

制造业企业在瞪羚企业群体中的占比有所回升。由2013—2019年瞪羚企业行业分布可见,瞪羚企业群体中制造业企业的比例由2014年的62.9%逐步下降至2018年的48.7%,降低了14.2个百分点,但2019年占比又回升为57.3%,相比上年增长8.6个百分点。制造业中的瞪羚企业主要分布在计算机、通信和其他电子设备制造业(11.4%),专业设备制造业(8.3%),通用设备制造业(7.6%),电气机械和器材制造业(6.4%),仪器仪表制造业(5.0%),化学原料和化学制品制造业(3.1%)中。其中,通用设备制造业占比较稳定,近两年有所上升,其他制造业多呈现波动或下降趋势;计算机、通信和其他电子设备制造业2013—2016年占比上升,2017—2018年开始下降,2019年有所回升;专用设备制造业前5年下降,2018年开始上升;化学原料和化学制品制造业2013—2018年呈上升趋势,2019年有所下降;电气机械和器材制造业、仪器仪表制造业2019年有所回升。

信息传输、软件和信息技术服务业企业在瞪羚企业群体中的占比下降。由2013—2019年瞪羚企业行业分布可见,信息传输、软件和信息技术服务业由2014年的23.5%逐步上升至2018年的33.1%,但2019年回落至30.9%。2019年信息传输、软件和信息技术服务业中的瞪羚企业集中分布在软件和信息技术服务业,2019年占瞪羚企业群体的26.4%;互联网和相关服务瞪羚企业2019年占瞪羚企业群体的4.3%。

科学研究和技术服务业企业在瞪羚企业群体中的占比下降。由2013—2019年瞪羚企业行业分布可见,科学研究和技术服务业由2014年的5.3%上升至2018年的10.8%,2019年仅为6.7%,相较上年下降4.1个百分点。2019年科学研究和技术服务业中的瞪羚企业主要分布在科技推广和应用服务业(3.3%)和专业技术服务业(1.8%)中。2019年,科技推广和应用服务业、专业技术服务业的占比相较上年均有所下降(图3-1、图3-2)。

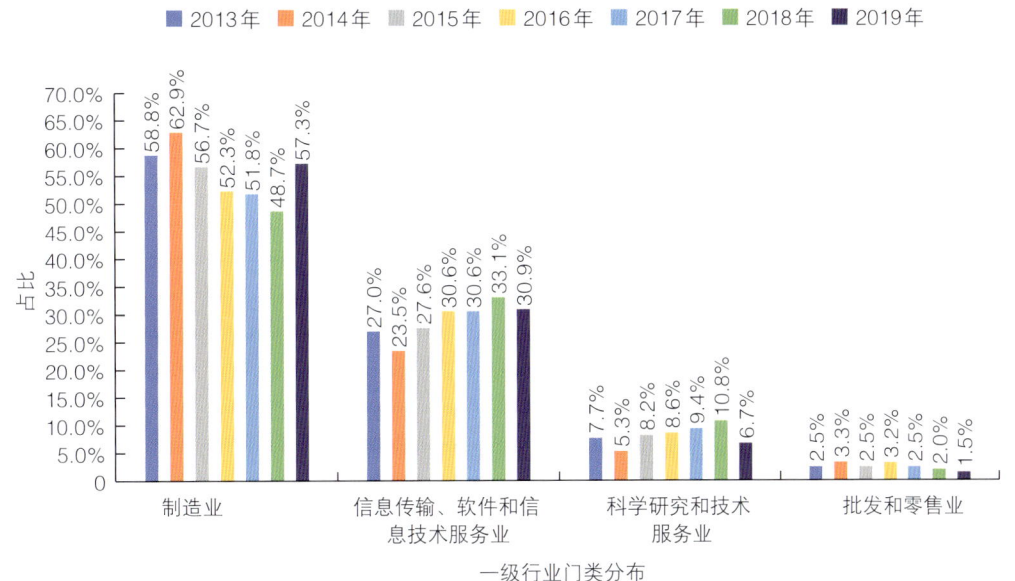

图3-1 连续7年瞪羚报告中瞪羚企业一级行业门类分布

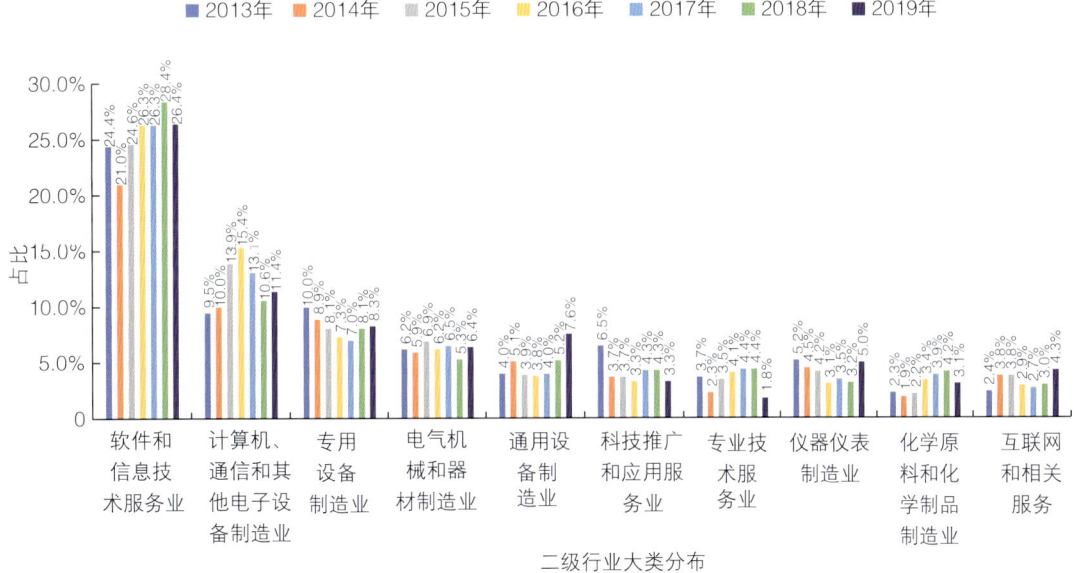

图3-2 连续7年瞪羚报告中瞪羚企业二级行业大类分布

第三章 国家高新区瞪羚企业行业及领域分析 51

（二）高技术制造业在瞪羚企业中的占比略有上升

高技术产业企业占比本年度略有下降。2019年瞪羚企业群体中，高技术产业企业占61.9%，较上一年度的67.3%下降5.4个百分点。其中，高技术服务业企业占比由2018年的44.3%下降至本年度的38.1%，下降6.2个百分点（图3-3）。

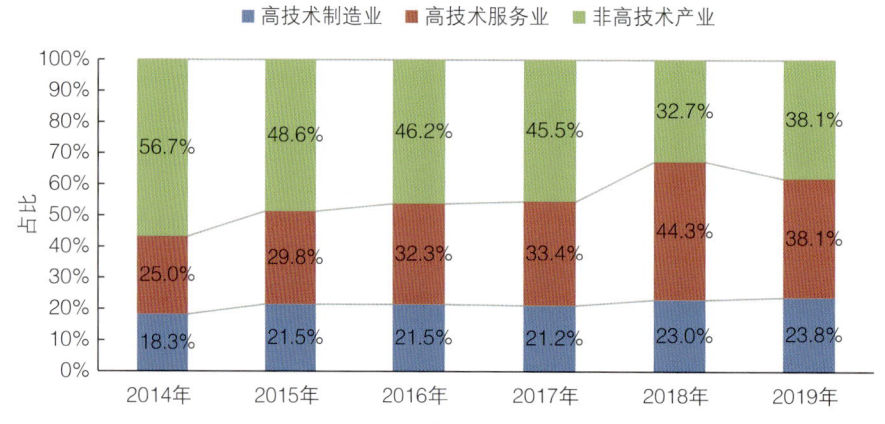

图3-3　连续6年瞪羚报告中瞪羚企业高技术产业分布趋势

高技术制造业企业占比由2014年18.3%上升至本年度23.8%，增加5个百分点。高技术制造业中，医疗仪器设备及仪器仪表制造业占比呈上升趋势。从2014—2019年高技术制造业企业占瞪羚企业群体比例来看，大部分行业在近年来呈现波动趋势，只有医疗仪器设备及仪器仪表制造业呈上升趋势（图3-4）。

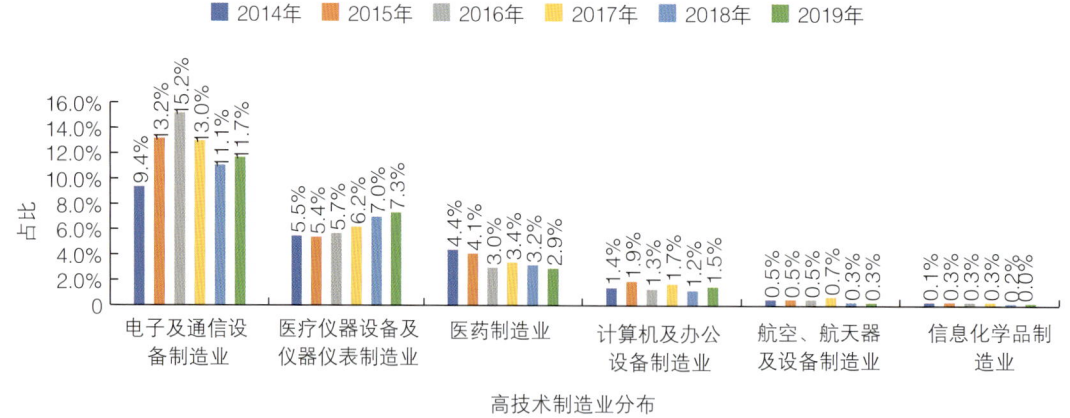

图3-4　连续6年瞪羚报告中瞪羚企业高技术制造业分布趋势

高技术服务业中，大部分细分行业占比2019年呈下降趋势。从2014—2019年高技术服务业企业占瞪羚企业群体比例来看，大部分行业在2014—2018年呈上升趋势，但2019年呈现出下降趋势。其中信息服务行业企业占比从2018年的32.6%下降至2019年的30.9%（图3-5）。

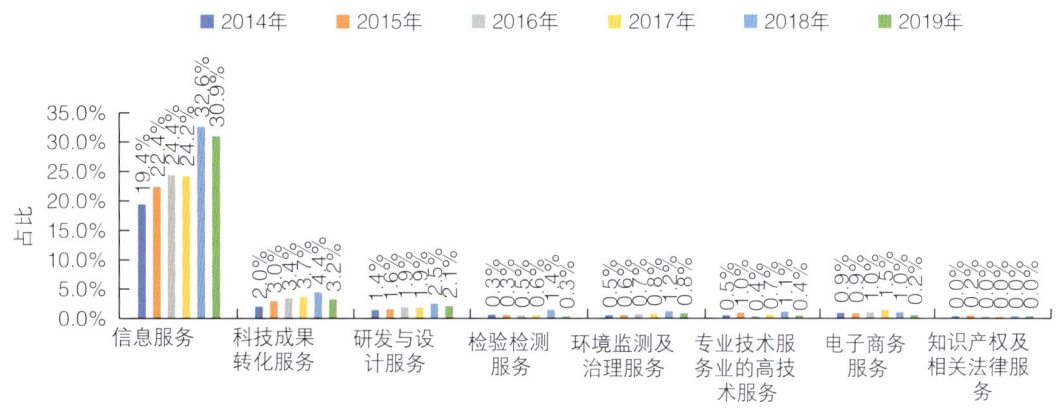

图3-5　连续6年瞪羚报告中瞪羚企业高技术服务业分布趋势

五、数字经济相关产业营业收入占比超五成

数字经济产业统计依据国民经济行业分类代码产生，依据数字化经济特征，对行业代码进行甄别和选择。首先参照《战略性新兴产业分类（2012）（试行）》（修订版）、《高技术产业（服务业）分类（2013）》、《国家科技服务业统计分类（2015）》、《新产业新业态新商业模式统计分类》等相关统计分类，以现行《国民经济行业分类》（GB/T 4754—2017）为基础，对其中符合数字经济特征的有关行业部门进行分类汇总[①]。同时，考虑到数字经济发展迅速，国家分类往往落后于实际的情况，选取中国互联网协会、工业和信息化部共同发布的《2019年中国互联网企业100强发展报告》中互联网TOP50的企业，通过提取行业代码，扩展产业分类，汇总后形成最终的数字经济分类。根据对瞪羚企业行业代码的判断和分类，得出了以下结论。

---

① 本书编辑过程中，国家统计局发布《数字经济及其核心产业统计分类（2021）》。

数字经济相关产业在瞪羚企业群体中占比超四成。2019年，数字经济相关产业的企业有1497家，营业收入占瞪羚企业群体收入的52.0%，从业人员数占比为55.5%，科技活动经费内部支出占比为69.6%。

数字经济相关产业中，数字化信息传输、软件和信息技术服务业及数字化制造业的占比最高。其中，数字化信息传输、软件和信息技术服务业企业数量为1032家，占总数的30.9%；数字化制造业企业数量为426家，占总数的12.8%。除此之外，两者的营业收入、从业人员年平均数及科技活动经费内部支出在数字化产业排名中均稳居前2位（表3-12）。

表3-12 数字经济相关产业

数字化产业	企业数（家）	营业收入（亿元）	从业人员年平均人数（万人）	科技活动经费内部支出（亿元）
数字化信息传输、软件和信息技术服务业	1032	5082.2	39.6	691.0
数字化制造业	426	2204.0	15.3	139.2
数字化文化、体育和娱乐业	6	97.2	3.8	5.1
数字化租赁和商务服务业	30	55.2	0.4	7.7
数字化批发和零售业	2	0.9	0.0	0.2
数字化金融业	1	0.9	0.0	0.0
非数字化相关产业	1839	6879.8	47.4	369.1
总计	3336	14 320.2	106.5	1212.3

国家高新区瞪羚企业发展报告2020

第四章

不同类别国家高新区的瞪羚企业表现

一、瞪羚企业分布于156个国家高新区

2019年,有14个高新区首次出现瞪羚企业(表4-1),拥有瞪羚企业的国家高新区由142个上升到156个,占国家高新区总数的92.3%[①],瞪羚企业数量在20家以上的国家高新区有30个。

表4-1 首次出现瞪羚企业的14家高新区分布

单位:家

高新区	瞪羚企业数
齐齐哈尔	1
淮南	5
莆田	1
安阳	2
焦作	7
荆州	2
衡阳	2
常德	1
汕头	3
茂名	1

---

① 截至2019年年底,国家高新区总数为169个。

续表

高新区	瞪羚企业数
自贡	1
乐山	2
楚雄	1
杨凌	2

2019年排名前十的高新区共拥有瞪羚企业1780家，占瞪羚企业总数的53.4%。其中，中关村拥有瞪羚企业608家，占瞪羚企业总数的18.2%；上海张江拥有瞪羚企业304家，占瞪羚企业总数的9.1%；深圳高新区拥有瞪羚企业215家，广州高新区拥有瞪羚企业136家，分别占瞪羚企业总数的6.4%和4.1%（表4-2）。

表4-2 2019年瞪羚企业数量在20家以上的国家高新区名单

单位：家

序号	高新区	瞪羚企业数	新晋瞪羚企业数
1	中关村	608	315
2	上海张江	304	158
3	深圳	215	147
4	广州	136	88
5	苏州工业园区	110	51
6	武汉东湖	105	57
7	西安	86	48
8	南京	75	45
9	成都	74	40
10	杭州	67	32
11	长沙	64	34
12	厦门	61	33
13	苏州	54	30
14	合肥	49	26
15	佛山	45	34

续表

序号	高新区	瞪羚企业数	新晋瞪羚企业数
16	郑州	44	22
17	无锡	41	26
18	常州	39	24
19	昆山	39	26
20	宁波	39	24
21	天津	33	19
22	珠海	33	16
23	武进	32	20
24	萧山	28	23
25	济南	26	12
26	常熟	24	18
27	东莞	23	15
28	青岛	21	12
29	温州	21	16
30	株洲	20	11

2019年，3336家瞪羚企业分布于156个国家高新区。其中，1754家分布于10个"世界一流高科技园区"，499家分布于17个"创新型科技园区"[①]，456家分布于28个"创新型特色园区"[②]，其余627家分布于101个其他园区[③]。

世界一流高科技园区是培育瞪羚企业成长的主要阵地。3类园区及其他园区中，世界一流高科技园区的瞪羚企业数量最多，占瞪羚企业总数的52.6%；创新型科技园

---

① 按照科技部火炬中心对园区的分类指导，截至2019年年底，全国共有18家国家高新区为创新型科技园区，其中17家拥有瞪羚企业。

② 按照科技部火炬中心对园区的分类指导，截至2019年年底，全国共有29家国家高新区为创新型特色园区。其中无锡宜兴环保园未单独统计，并入无锡高新区，归属创新型科技园区，故创新型特色园区按28家计算。

③ 除世界一流高科技园区、创新型科技园区、创新型特色园区3类园区以外的高新区统称为其他园区。

区的瞪羚企业数量占瞪羚企业总数的15.0%;创新型特色园区的瞪羚企业数量最少,占比为13.7%;18.8%的瞪羚企业分布在其他园区(图4-1)。

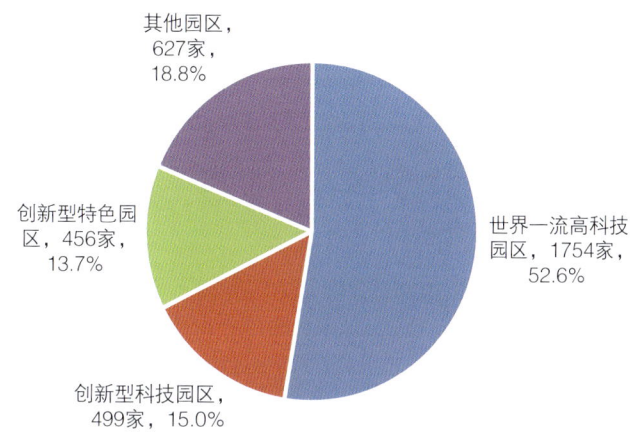

图4-1 2019年3类园区及其他园区瞪羚企业数量分布

二、世界一流高科技园区的瞪羚企业共有1754家

世界一流高科技园区共有瞪羚企业1754家。其中,中关村瞪羚企业608家、上海张江304家、深圳215家、广州136家、苏州工业园区110家、武汉东湖105家、西安86家、成都74家、杭州67家、合肥49家(表4-3)。

表4-3 世界一流高科技园区瞪羚企业数量

单位:家

序号	世界一流高科技园区的高新区	瞪羚企业数
1	中关村	608
2	上海张江	304
3	深圳	215
4	广州	136
5	苏州工业园区	110
6	武汉东湖	105
7	西安	86
8	成都	74

续表

序号	世界一流高科技园区的高新区	瞪羚企业数
9	杭州	67
10	合肥	49
合计		1754

全国10家世界一流高科技园区的瞪羚企业2019年平均营业收入、平均总资产、平均从业人员数等经济指标的情况如表4-4所示。

表4-4 世界一流高科技园区瞪羚企业经济指标分析

世界一流高科技园区	平均营业收入（亿元）	平均总资产（亿元）	平均从业人员数量（人）	平均出口总额（万元）	科技活动投入强度	净利润率	平均实际上缴税费（万元）	科技活动人员占比
合肥	7.6	6.2	295.1	12 507.0	4.9%	12.9%	2791.1	30.0%
成都	6.0	14.1	390.7	2816.5	8.2%	11.6%	5631.9	28.6%
中关村	5.9	8.8	410.6	572.6	11.9%	6.8%	2742.3	41.4%
广州	4.9	3.9	266.5	7820.5	7.8%	8.4%	1474.0	45.0%
武汉东湖	4.6	6.0	383.7	12 533.9	8.6%	11.9%	2074.9	33.3%
深圳	4.5	4.7	327.9	8051.6	7.6%	11.2%	2151.2	31.0%
上海张江	3.5	6.2	245.0	5576.9	8.2%	9.6%	1653.2	35.8%
杭州	3.2	4.2	478.6	1401.9	35.1%	11.6%	2878.0	52.1%
西安	2.8	2.8	318.3	5051.4	23.7%	10.9%	1191.2	63.0%
苏州工业园区	2.5	3.2	130.1	7423.1	11.9%	23.0%	1018.5	47.7%
瞪羚整体	4.7	6.6	335.4	4743.7	10.8%	10.0%	2287.1	40.0%

三、创新型科技园区的瞪羚企业共有499家

创新型科技园区共有瞪羚企业499家，占瞪羚企业总数的15%。其中，长沙高新区瞪羚企业数量最多，共有64家；厦门、苏州、郑州、无锡高新区瞪羚企业数量均超过40家。各园区瞪羚企业数量分布如表4-5所示。

表4-5 创新型科技园区瞪羚企业数量

单位：家

序号	创新型科技园区	瞪羚企业数
1	长沙	64
2	厦门	61
3	苏州	54
4	郑州	44
5	无锡	41
6	常州	39
7	宁波	39
8	天津	33
9	济南	26
10	青岛	21
11	中山	17
12	淄博	17
13	洛阳	16
14	长春	11
15	潍坊	9
16	宝鸡	4
17	威海	3
总计		499

17家创新型科技园区的瞪羚企业在2019年平均营业收入、平均总资产、平均从业人员数量等经济指标的情况如表4-6所示。

表4-6　创新型科技园区瞪羚企业经济指标分析

创新型科技园区	平均营业收入（亿元）	平均总资产（亿元）	平均从业人员数量（人）	平均出口总额（万元）	科技活动投入强度	净利润率	平均实际上缴税费（万元）	科技活动人员占比
宁波	7.3	8.2	351.5	10 766.5	3.0%	11.0%	3329.4	23.7%
厦门	4.8	7.3	409.0	11 204.4	6.4%	14.7%	1548.9	31.3%
长沙	4.0	5.6	585.4	25 597.3	6.6%	11.3%	1160.5	23.3%
天津	3.6	9.8	205.5	917.3	7.0%	10.3%	2760.5	31.6%
洛阳	3.5	2.4	200.9	1266.2	3.9%	9.0%	1246.4	17.8%
济南	3.4	3.7	257.8	5598.8	6.7%	11.8%	876.7	37.6%
苏州	3.1	3.7	231.1	51 825.7	5.9%	7.7%	1101.7	27.4%
淄博	3.1	2.7	174.3	2348.8	4.4%	8.8%	1183.2	19.2%
威海	3.0	3.1	438.7	2693.6	6.3%	−3.1%	804.3	20.1%
常州	2.1	3.3	264.6	1319.5	5.0%	10.0%	1150.1	16.9%
青岛	2.1	2.7	184.7	2909.1	5.8%	8.3%	770.6	23.0%
中山	2.0	2.2	330.6	9193.8	9.0%	−1.8%	424.1	22.8%
无锡	2.0	2.4	216.5	1233.1	6.8%	11.6%	748.4	20.9%
郑州	1.8	1.7	208.9	328.1	6.3%	14.0%	916.2	33.9%
长春	1.0	3.9	192.3	231.0	17.4%	−13.9%	694.1	46.7%
潍坊	1.0	1.4	155.6	368.2	5.7%	5.3%	420.7	17.9%
宝鸡	0.9	0.8	73.3	22.9	5.7%	11.5%	464.5	30.6%
瞪羚整体	3.4	4.6	303.2	7225.1	5.8%	10.0%	1336.6	26.2%

四、创新型特色园区的瞪羚企业共有456家

创新型特色园区共有瞪羚企业456家，占瞪羚企业总数的13.7%。其中，南京高新区瞪羚企业数量最多，共75家，佛山45家，昆山39家，各园区瞪羚企业数量分布如表4-7所示。

表4-7 创新型特色园区瞪羚企业数量

单位：家

序号	创新型特色园区	瞪羚企业数
1	南京	75
2	佛山	45
3	昆山	39
4	武进	32
5	常熟	24
6	株洲	20
7	荆门	19
8	襄阳	19
9	石家庄	18
10	惠州	18
11	江门	16
12	江阴	16
13	大连	14
14	柳州	13
15	泰州	10
16	蚌埠	10
17	宜昌	10
18	南宁	10
19	桂林	9
20	保定	8
21	湘潭	8
22	包头	6
23	昆明	4
24	烟台	3
25	泸州	3

续表

序号	创新型特色园区	瞪羚企业数
26	乌鲁木齐	3
27	安阳	2
28	安康	2
总计		456

创新型特色园区瞪羚企业在2019年平均营业收入、平均总资产、平均从业人员数量等经济指标的情况如表4-8所示。

表4-8　创新型特色园区瞪羚企业经济指标分析

创新型特色园区	平均营业收入（亿元）	平均总资产（亿元）	平均从业人员数量（人）	平均出口总额（万元）	科技活动投入强度	净利润率	平均实际上缴税费（万元）	科技活动人员占比
湘潭	22.2	19.5	721.0	325.7	5.4%	8.4%	6139.2	15.0%
江阴	15.5	27.5	316.8	2180.9	3.2%	10.9%	6881.9	38.7%
襄阳	7.9	1.9	226.4	0	3.9%	5.1%	1694.7	27.9%
柳州	6.4	6.6	384.7	2950.4	2.1%	3.8%	2581.0	14.7%
常熟	5.1	4.9	235.1	6934.8	3.8%	7.0%	2362.6	16.2%
大连	5.0	5.5	595.9	7034.0	5.5%	10.2%	2772.9	18.3%
昆明	4.8	5.3	141.0	0	3.5%	20.9%	6427.3	22.7%
武进	4.7	5.9	427.4	2781.6	5.7%	17.0%	1912.6	29.9%
包头	4.5	4.6	171.3	291.3	4.7%	15.6%	1159.2	27.1%
蚌埠	3.6	3.9	325.7	1535.6	4.4%	6.5%	1281.7	17.7%
惠州	3.5	5.2	546.0	6357.7	5.9%	4.1%	1126.4	13.5%
安康	3.5	3.8	188.5	38.2	4.6%	10.8%	1052.2	14.9%
桂林	3.4	2.9	276.2	3835.3	4.3%	8.1%	1351.1	21.2%
荆门	2.9	1.3	154.5	2161.0	5.3%	10.4%	1069.2	29.3%
安阳	2.9	4.1	473.0	2956.1	5.9%	3.5%	804.5	15.9%

续表

创新型特色园区	平均营业收入（亿元）	平均总资产（亿元）	平均从业人员数量（人）	平均出口总额（万元）	科技活动投入强度	净利润率	平均实际上缴税费（万元）	科技活动人员占比
南京	2.9	4.3	308.9	2617.5	9.7%	10.4%	1254.3	45.1%
乌鲁木齐	2.8	3.1	965.3	0	3.2%	13.6%	925.2	8.8%
佛山	2.7	2.4	295.0	2997.1	3.9%	6.1%	1050.7	17.7%
株洲	2.7	3.0	334.6	4783.0	5.2%	11.8%	546.4	16.4%
昆山	2.0	2.4	191.3	5033.0	4.9%	9.0%	1181.2	25.2%
宜昌	1.9	1.2	140.9	1139.4	4.7%	10.1%	874.0	25.8%
保定	1.6	1.6	276.6	16.2	4.7%	6.3%	470.5	14.1%
泰州	1.4	2.4	214.9	7.3	8.2%	11.5%	891.7	17.8%
南宁	1.3	2.0	181.9	147.3	4.1%	12.3%	688.1	21.9%
泸州	1.2	0.5	83.7	0	2.7%	7.3%	147.9	9.8%
江门	1.2	1.0	139.9	4246.5	6.7%	7.2%	460.8	19.1%
石家庄	0.9	1.1	129.2	258.7	7.9%	9.2%	707.1	34.6%
烟台	0.4	1.2	67.0	0	8.9%	6.5%	326.8	30.1%
瞪羚整体	4.0	4.5	296.8	2964.2	5.1%	9.3%	1611.0	25.1%

五、其他园区的瞪羚企业共有627家

全国拥有瞪羚企业的其他101个园区共有瞪羚企业627家。其中，珠海高新区瞪羚企业数量最多，共33家，萧山28家，东莞23家。各园区瞪羚企业数量分布如表4-9所示。

表4-9 其他园区瞪羚企业数量分布

单位：家

其他园区	瞪羚企业数	其他园区	瞪羚企业数	其他园区	瞪羚企业数
珠海	33	莫干山	6	鹰潭	2
萧山	28	临沂	6	德州	2
东莞	23	燕郊	5	荆州	2

续表

其他园区	瞪羚企业数	其他园区	瞪羚企业数	其他园区	瞪羚企业数
温州	21	哈尔滨	5	衡阳	2
益阳	19	盐城	5	常德	2
抚州	17	扬州	5	郴州	2
贵阳	17	宿迁	5	自贡	2
衢州	16	淮南	5	攀枝花	2
黄冈	16	漳州	5	内江	2
重庆	16	荣昌	5	乐山	2
南通	15	永州	5	杨凌	2
太原	14	兰州	5	咸阳	2
镇江	14	铜陵	4	榆林	2
福州	13	龙岩	4	宁夏	2
南昌	13	仙桃	4	鄂尔多斯	1
芜湖	12	汕头	4	长春	1
咸宁	12	德阳	4	吉林	1
肇庆	12	绵阳	4	齐齐哈尔	1
济宁	11	唐山	3	九江	1
上海	10	鞍山	3	宜春	1
嘉兴	10	本溪	3	莱芜	1
泰安	10	营口	3	平顶山	1
孝感	10	景德镇	3	潜江	1
黄石	9	赣州	3	怀化	1
泉州	8	吉安	3	茂名	1
新余	8	新乡	3	北海	1
清远	8	南阳	3	玉溪	1
徐州	7	随州	3	楚雄	1
连云港	7	海口	3	青海	1

续表

其他园区	瞪羚企业数	其他园区	瞪羚企业数	其他园区	瞪羚企业数
绍兴	7	渭南	3	石河子	1
马鞍山	7	白银	3	枣庄	1
焦作	7	锦州	2		
璧山	7	淮安	2		
沈阳	6	莆田	2		
阜新	6	三明	2		

六、国家自主创新示范区的瞪羚企业共有2784家

2019年，瞪羚企业有2784家分布于21个国家自主创新示范区所在的高新区内，占瞪羚企业总数的83.5%。其余552家分布于非国家自主创新示范区所在的高新区，占瞪羚企业总数的16.5%（图4-2）。

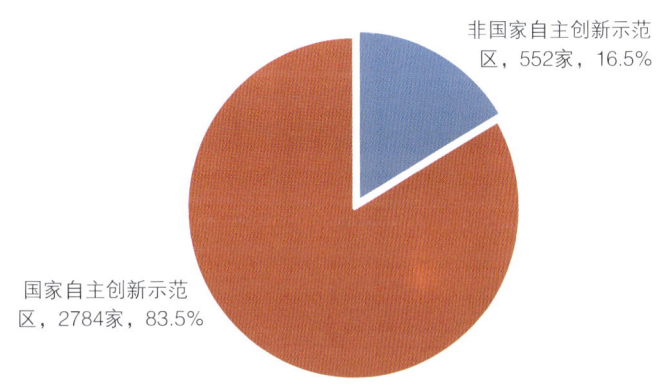

图4-2　2019年国家自主创新示范区瞪羚企业数量分布

国家自主创新示范区的瞪羚企业群体在2019年平均营业收入、平均总资产、平均从业人员数量等经济指标的情况如表4-10所示。

表4-10 国家自主创新示范区内瞪羚企业经济指标分析

自创区名称	企业数（家）	平均工业总产值（亿元）	平均总资产（亿元）	平均营业收入（亿元）	营业收入3年复合增长率	平均技术收入（万元）	出口总额（万元）	净利润率	上缴税费（万元）	平均从业人员数量（人）	科技活动投入强度	科技活动人员占比
中关村	608	0.5	8.8	5.9	50.2%	36 646.9	572.6	6.8	2742.3	410.6	11.9%	41.4%
武汉东湖	105	2.3	6.0	4.6	46.3%	11 839.1	12 533.9	11.9	2074.9	383.7	8.6%	33.3%
上海张江	304	1.9	6.2	3.5	46.1%	4156.6	5576.9	9.6	1653.2	245.0	8.2%	35.8%
苏南	420	2.8	4.4	3.2	43.9%	2412.0	4143.2	13.7	1351.6	231.9	7.1%	33.3%
天津	33	1.6	9.8	3.6	48.3%	16 297.5	917.3	10.3	2760.5	205.5	7.0%	31.6%
长株潭	92	4.8	6.3	5.3	42.5%	2473.6	18 874.9	11.1	1459.9	542.7	6.0%	21.4%
成都	74	2.7	14.1	6.0	47.4%	9807.8	2816.5	11.6	5631.9	390.7	8.2%	28.6%
西安	86	1.6	2.8	2.8	38.6%	14 057.3	5051.4	10.9	1191.2	318.3	23.7%	63.0%
杭州	95	3.4	5.3	5.4	45.0%	12 350.2	1918.6	10.6	2918.6	475.1	17.2%	42.2%
深圳	215	3.1	4.7	4.5	48.9%	11 699.2	8051.6	11.2	2151.2	327.9	7.6%	31.0%
珠三角	300	2.3	3.5	4.1	49.3%	7832.9	7228.2	6.3	1177.9	305.2	7.3%	31.9%
山东半岛	79	2.3	2.8	2.6	44.8%	2158.3	3265.6	8.7	838.9	208.4	5.8%	28.1%
沈大	20	3.0	4.5	3.8	42.3%	6313.1	6089.7	9.0	2088.4	461.9	6.1%	18.4%

续表

自创区名称	企业数（家）	平均工业总产值（亿元）	平均总资产（亿元）	平均营业收入（亿元）	营业收入3年复合增长率	平均技术收入（万元）	出口总额（万元）	净利润率	上缴税费（万元）	平均从业人员数量（人）	科技活动投入强度	科技活动人员占比
郑洛新	63	1.9	2.0	2.4	46.1%	3863.2	1057.3	12.0	981.8	219.3	5.5%	29.3%
合芜蚌	71	7.6	7.1	7.7	40.2%	2951.4	10 694.4	11.5	3032.7	390.0	4.5%	25.4%
福厦泉	82	3.9	6.6	4.1	42.7%	1985.1	9325.3	13.0	1413.7	393.7	6.3%	29.1%
重庆	16	2.2	1.6	2.3	33.4%	296.7	3184.0	7.2	806.5	251.4	5.4%	21.7%
兰白	8	0.4	2.3	1.0	30.5%	1281.5	25.2	12.7	351.8	178.1	3.0%	36.4%
浙东南	60	4.9	5.7	5.2	41.8%	1445.4	7359.2	9.0	2409.7	271.8	3.1%	23.2%
乌昌石	4	0.1	2.5	2.2	42.0%	18 794.3	0	13.9	700.9	743.3	3.5%	9.1%
江西	49	3.4	3.8	3.8	46.3%	670.0	1998.1	7.8	1204.0	378.0	4.1%	17.3%

七、七成以上的瞪羚企业分布于稳定期高新区[①]

2598家瞪羚企业分布在稳定期高新区,占瞪羚企业总数的77.9%,738家分布于103个新升级高新区。其中,位于稳定期高新区的瞪羚企业的技术收入均值、科技活动投入强度和科技活动人员占比等科技创新指标,普遍优于新升级高新区(表4-11至表4-13)。

表4-11 稳定期高新区与新升级高新区瞪羚企业经济表现对比

指标	稳定期高新区	新升级高新区
企业数(家)	2598	738
工业总产值年平均(亿元)	1.9	4.6
总资产年平均(亿元)	5.7	5.4
营业收入年平均(亿元)	4.2	4.8
营业收入3年复合增长率	46.6%	44.4%
技术收入均值(亿元)	1.4	0.1
净利润率	9.7	10.1
上缴税费(亿元)	0.2	0.2
从业人员数均值(人)	324.6	301.1
科技活动投入强度	11.9%	6.5%
科技活动人员占比	42.4%	25.0%

表4-12 部分稳定期高新区瞪羚企业数量

单位:家

序号	稳定期高新区名称	瞪羚企业数	新晋瞪羚企业数
1	中关村	608	315
2	上海张江	304	158
3	深圳	215	147
4	广州	136	88

[①] 稳定期高新区:1997年年底前认定的国家高新技术产业开发区和苏州工业园区。截至2019年年底,共有54个稳定期高新区,其中53个拥有瞪羚企业。

续表

序号	稳定期高新区名称	瞪羚企业数	新晋瞪羚企业数
5	苏州工业园区	110	51
6	武汉东湖	105	57
7	西安	86	48
8	南京	75	45
9	成都	74	40
10	杭州	67	32
11	长沙	64	34
12	厦门	61	33
13	苏州	54	30
14	合肥	49	26
15	佛山	45	34
16	郑州	44	22
17	无锡	41	26
18	常州	39	24
19	珠海	33	16
20	天津	33	19

表4-13 部分新升级高新区瞪羚企业数量

单位：家

序号	新升级高新区名称	瞪羚企业数	新晋瞪羚企业数
1	昆山	39	26
2	宁波	39	24
3	武进	32	20
4	萧山	28	23
5	常熟	24	18
6	东莞	23	15
7	温州	21	16
8	益阳	19	7
9	荆门	19	10
10	抚州	17	14

国家高新区瞪羚企业发展报告2020

第五章 国家高新区瞪羚企业创新发展分析

一、瞪羚企业创新要素投入保持活跃

（一）瞪羚企业科技活动投入持续活跃

2019年，3336家瞪羚企业创新要素投入活跃。整体来看，瞪羚企业科技活动投入强度为8.5%，内部研发投入强度为4.2%。从其他创新要素情况看，科技活动人员规模稳定扩大，学历水平不断提升，整体上创新要素投入保持活跃。

1. 2019年瞪羚企业科技活动投入强度趋于平缓

2019年，3336家瞪羚企业科技活动投入资金平均为3633.9万元，科技活动投入强度为8.5%。大部分瞪羚企业科技活动投入资金在100万～5000万元，其中938家集中在100万～500万元，占总体的28.1%（表5-1）。

表5-1 2019年瞪羚企业科技活动经费内部支出资金分布

科技活动经费内部支出（元）	企业数（家）	占比
5亿以上	35	1.0%
2亿～5亿	49	1.5%
1亿～2亿	88	2.6%
5000万～1亿	169	5.1%
2000万～5000万	478	14.3%
1000万～2000万	657	19.7%
500万～1000万	849	25.4%

续表

科技活动经费内部支出（元）	企业数（家）	占比
100万~500万	938	28.1%
0~100万	73	2.2%
总计	3336	100.0%

2019年，七成以上瞪羚企业科技活动投入强度分布在5%以上，剩余942家集中分布在2.5%~5.0%，占瞪羚企业数量的28.2%（表5-2）。

表5-2　2019年瞪羚企业科技活动投入强度分布

科技活动投入强度	企业数（家）	占比
30.0%以上	183	5.5%
10.0%~30.0%	868	26.0%
7.5%~10.0%	385	11.5%
5.0%~7.5%	806	24.2%
2.5%~5.0%	942	28.2%
0~2.5%	152	4.6%
总计	3336	100.0%

中小型瞪羚企业科技活动投入强度更高。中小型瞪羚企业2019年平均科技活动投入为2623.6万元，平均科技活动投入强度为8.9%，平均科技活动从业人员为78.8人，科技活动人员占比为36.2%。相较于整个瞪羚企业群体，中小型瞪羚企业更加注重科技活动投入（表5-3）。

表5-3　2019年中小型瞪羚企业科技活动投入

科技活动指标	中小型瞪羚企业均值	瞪羚企业均值
平均科技活动投入（万元）	2623.6	3633.9
平均科技活动投入强度	8.9%	8.5%
平均科技活动从业人员（人）	78.8	109.2
科技活动人员占比	36.2%	32.7%

2.瞪羚企业科技活动投入近3年复合增长率达31.7%

瞪羚企业群体2016—2019年科技活动投入3年复合增长率为31.7%。2016—2019年科技活动投入经费逐年增加，科技活动投入资金由2016年的530.6亿元快速增长到2019年的1212.3亿元。瞪羚企业的科技活动投入强度由2018年的9.7%下降至2019年的8.5%，科技活动投入强度经历了持续增长后逐渐趋于平缓（图5-1）。

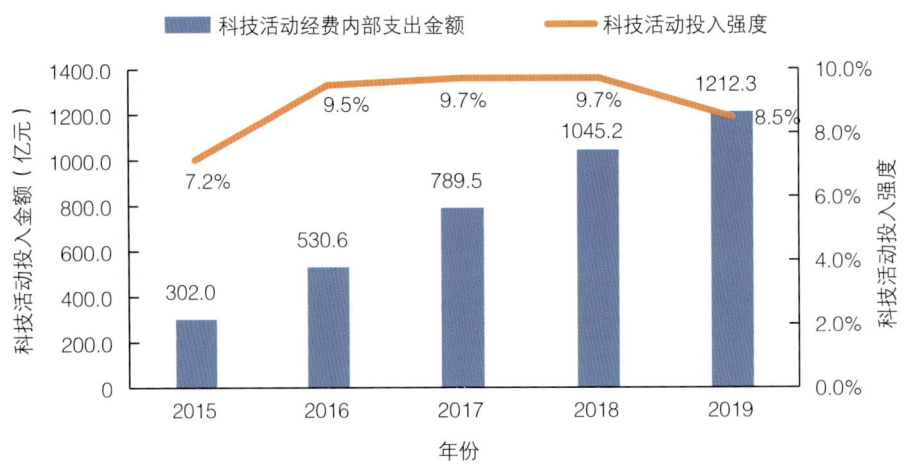

图5-1　瞪羚企业2015—2019年科技活动投入情况

（二）瞪羚企业内部研发投入近3年复合增长率达34.8%

2019年，3336家瞪羚企业R&D经费内部支出为598.1亿元。平均每家企业R&D经费内部支出为1792.9万元，平均R&D经费内部投入强度为4.2%。瞪羚企业中R&D经费内部支出低于100万元的企业占比最高，为40.7%；R&D经费内部支出在100万～500万元的企业占比次之，共有722家企业，占群体数量的21.6%（表5-4）。

表5-4　2019年瞪羚企业R&D经费内部支出分布

R&D经费内部支出（元）	企业数（家）	占比
1亿以上	84	2.5%
5000万～1亿	102	3.1%
2000万～5000万	243	7.3%
1000万～2000万	353	10.6%

续表

R&D经费内部支出（元）	企业数（家）	占比
500万~1000万	473	14.2%
100万~500万	722	21.6%
0~100万	1359	40.7%
总计	3336	100.0%

瞪羚企业注重研发经费投入，2016—2019年3年复合增长率达到34.8%。瞪羚企业R&D经费内部支出总和由2016年的244.2亿元增长到2019年的598.1亿元，同比增长15.1%（图5-2）。

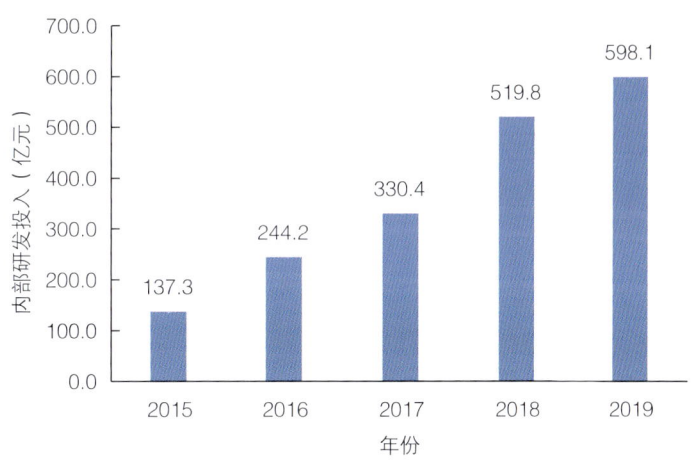

图5-2　2015—2019年瞪羚企业内部研发投入支出情况

（三）瞪羚企业产学研合作支出近3年复合增长率达47.4%

瞪羚企业科技活动经费投入除用于自主研发之外，其余部分用于与境内外研究机构、高校及企业的产学研合作支出（即委托外单位开展科技活动支出）。

2019年，3336家瞪羚企业与外单位开展产学研合作支出达110.3亿元，占科技活动总投入的9.1%；其中，企业间的研发合作支出保持高速增长，占委托外单位开展科技活动经费支出的86.7%。此外，对境外研发合作支出呈现上升趋势，2019年较2018年增长近2倍（图5-3）。

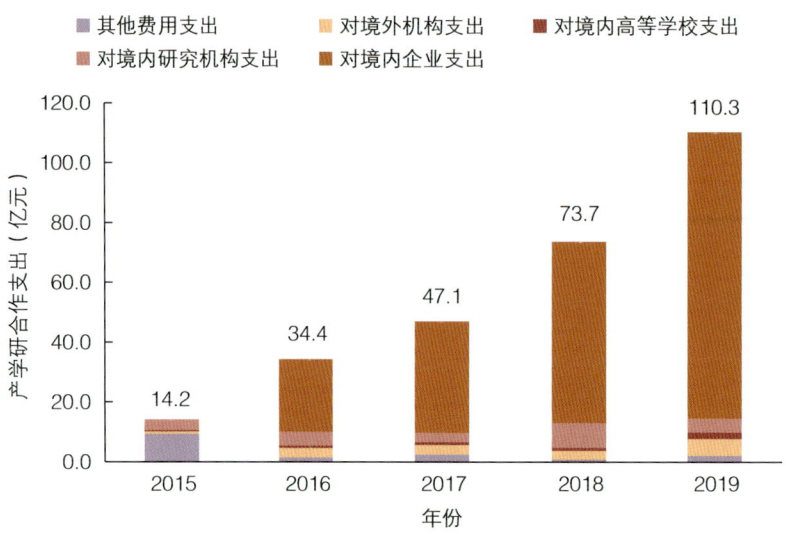

图5-3 瞪羚企业2019年委托外单位开展科技活动支出情况

产学研支出增速加快。瞪羚企业委托外单位开展科技活动经费支出总和由2016年的34.4亿元增长到2019年的110.3亿元,2019年同比增长49.8%,3年复合增长率为47.4%。其中,2019年对境内企业的支出占比最大,占委托外单位开展科技活动经费支出总和的86.6%,3年复合增长率为57.9%。2019年对境外支出为5.7亿元,3年复合增长率为21.2%(表5-5)。

表5-5 2015—2019年瞪羚企业委托外单位开展科技活动的经费支出情况

单位:亿元

项目名称	2015年	2016年	2017年	2018年	2019年
对境内高等学校支出	0.5	0.8	0.9	1.0	2.2
对境内研究机构支出	3.6	4.7	3.2	8.3	4.7
对境内企业支出	—	24.3	37.2	60.5	95.6
对境外机构支出	0.8	3.2	3.3	3.0	5.7
其他支出	9.3	1.5	2.5	0.8	2.1
总计	14.2	34.4	47.1	73.7	110.3

（四）科技活动人员规模和学历水平略有下降

1.科技活动人员规模略有下降

科技活动人员持续支撑瞪羚企业技术创新。瞪羚企业2019年平均科技活动人员109人，占从业人员总数的32.7%。瞪羚企业2016—2019年科技活动人员数量逐年增加。科技活动人员数量近3年复合增长率为17.4%，科技活动人员占比由2016年的32.6%小幅上升到2019年的32.7%（图5-4）。

图5-4　2015—2019年瞪羚企业科技活动人员占比

2. R&D人员投入3年复合增长率为27.3%

整体来看，瞪羚企业R&D人员折合全时当量保持稳定增长，2016—2019年3年复合增长率为27.3%。瞪羚企业R&D人员折合全时当量由2016年的62 129人年增长到2019年的128 082人年。2019年R&D人员折合全时当量大幅上涨，同比上升111.9%（图5-5）。

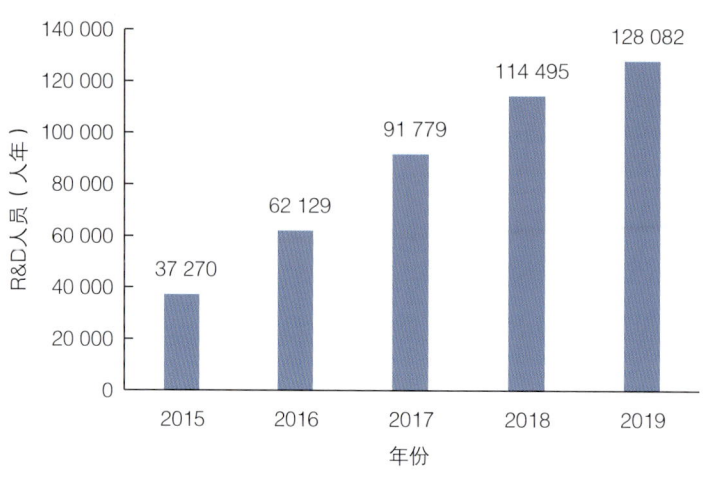

图5-5 2015—2019年瞪羚企业R&D人员折合全时当量

3.瞪羚企业本科及以上学历从业人员占比稳定上升

2019年，在瞪羚企业共111.4万人的从业人员中，本科学历人数最多，为45.3万人，占比高达40.7%；研究生学历人数达10.6万人，其中硕士10.0万人（占比为9.0%），博士0.6万人（占比为0.5%）（图5-6）。

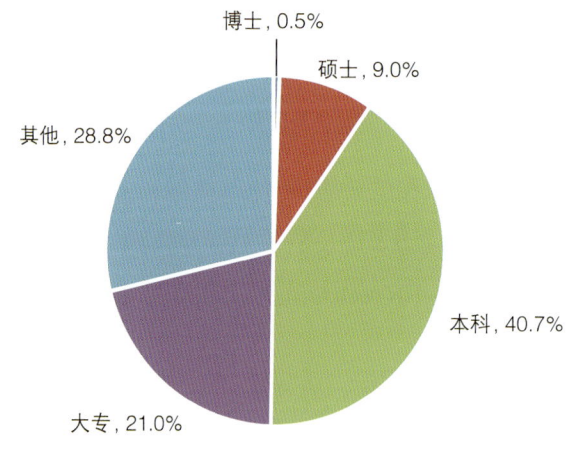

图5-6 2019年瞪羚企业从业人员学历分布

近年来，3336家瞪羚企业本科及以上学历从业人员占比稳步上升。瞪羚企业从业人员中，本科及以上学历从业人员占比由2015年的44.4%上升至2019年的50.3%，增长了5.9个百分点。其中，本科学历从业人员占比由2016年的37.2%稳定上升至2019年40.7%，但是博士研究生学历由0.7%下降至0.5%（图5-7）。

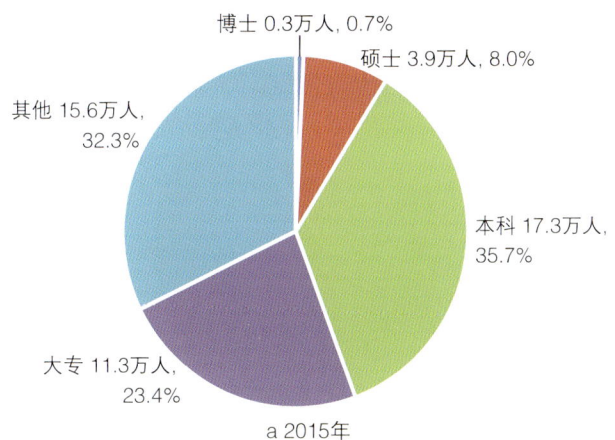

a 2015年

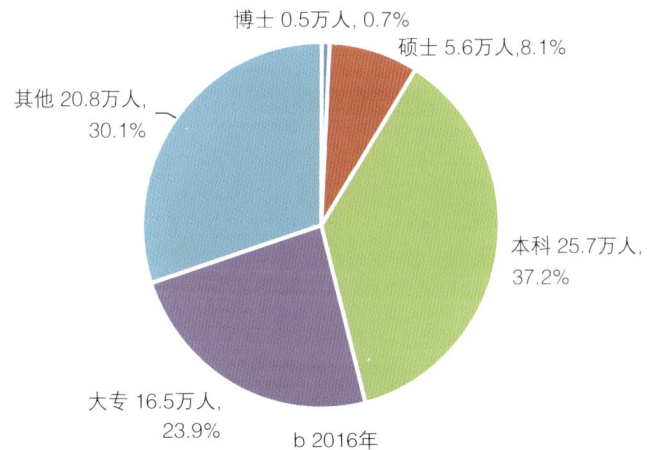

b 2016年

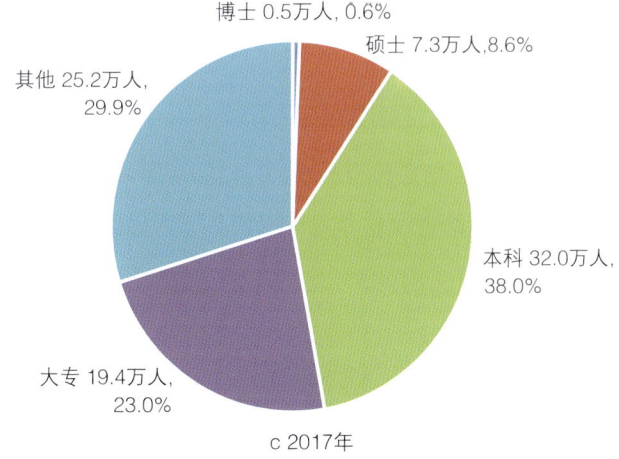

c 2017年

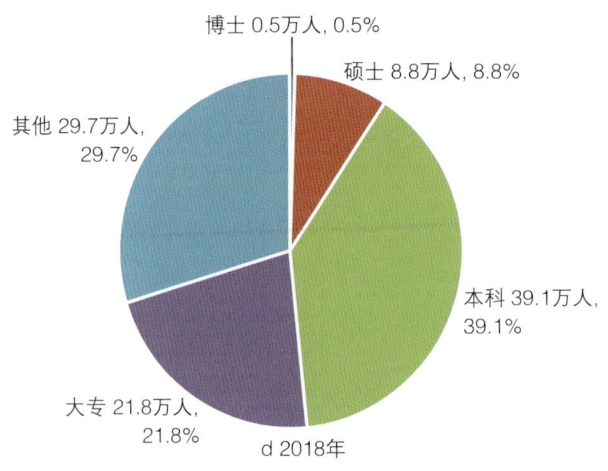

d 2018年

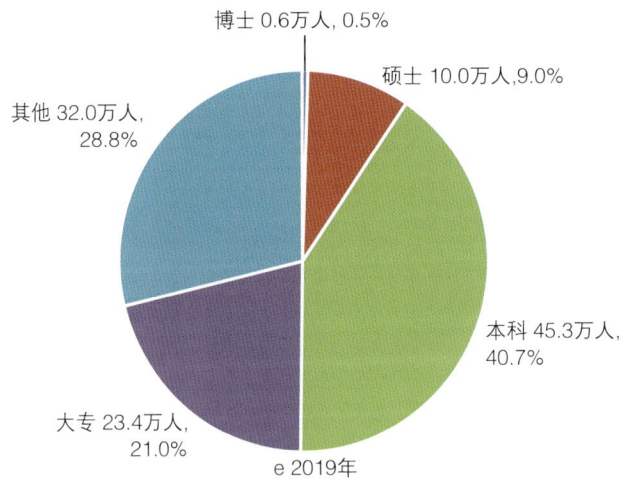

e 2019年

图5-7 2015—2019年瞪羚企业从业人员学历构成

（五）超五成瞪羚企业设立研发机构

2019年，52.9%的瞪羚企业设立研发机构，比上年提高5个百分点。1765家瞪羚企业共设立2278个研发机构。企业研发机构中有科研人员共计16.7万人，占科技活动人员总数的14.5%；研发机构经费支出583.2亿元，占科技活动投入的48.1%。

瞪羚企业对研发机构的人员和经费投入逐年增加。瞪羚企业2016—2019年研发机构人员3年复合增长率为21.3%，研发机构人员数量2019年同比增长23.2%。研发机构经费支出3年复合增长率为34.4%，2019年同比增长34.1%。

二、瞪羚企业科技创新成果多样化

(一)新产品及技术性收入逐年攀升

1.瞪羚企业总产值中的五成来自新产品

瞪羚企业积极推出新产品,2019年瞪羚企业新产品产值为4657亿元,占瞪羚企业工业产值的55.4%;新产品销售收入为4681亿元,占瞪羚企业营业收入的21.7%。其中,新产品出口销售收入为880.1亿元,占瞪羚企业出口额的18.8%。

新产品产值和销售收入稳步提高,增速放缓。新产品产值和销售收入2019年同比增幅分别为28.6%和32.1%,3年复合增长率分别为31.7%和35.4%(图5-8)。

图5-8 2015—2019年瞪羚企业新产品产值及销售收入情况

2.超八成的产品销售收入来自高新技术产品

瞪羚企业高新技术产品收入由2016年的3155.5亿元快速增长到2019年的8013.7亿元,3年复合增长率为36.4%。2019年高新技术产品收入占产品销售收入的82.0%,占全部营业收入的56.0%(图5-9)。

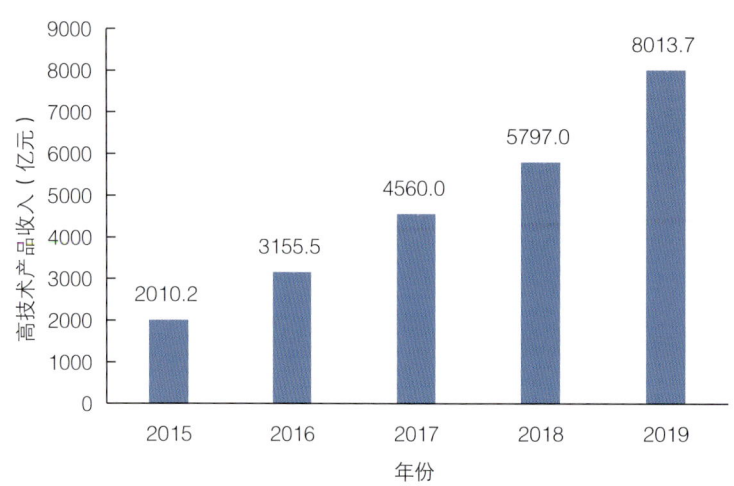

图5-9　2015—2019年瞪羚企业高新技术产品收入情况

3.瞪羚企业技术收入占营业收入二成以上

2019年，瞪羚企业技术收入大幅增加。瞪羚企业2019年整体技术收入为3641.1亿元，占营业收入的25.4%，2016—2019年3年复合增长率为44.1%，2019年同比下降36.2%（图5-10）。

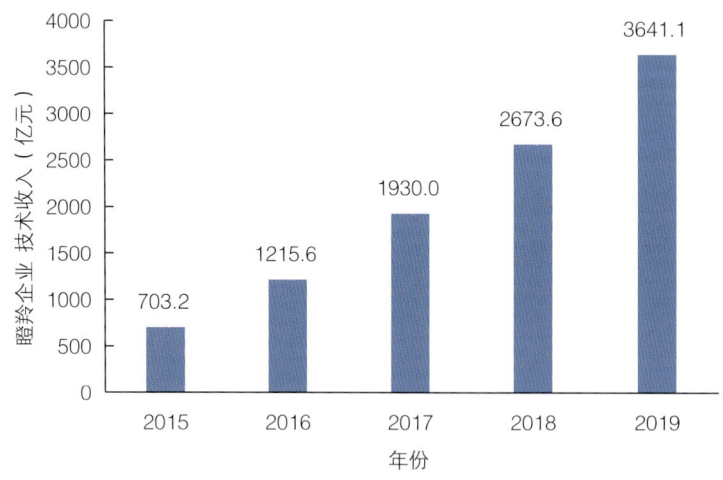

图5-10　2015—2019年瞪羚企业技术收入情况

2019年瞪羚企业技术收入中，技术转让收入34亿元，技术承包收入45.5亿元，技术咨询与服务收入2084.8亿元，接受委托研究开发收入282.7亿元，其余为技术入股、中试产品收入等（图5-11）。

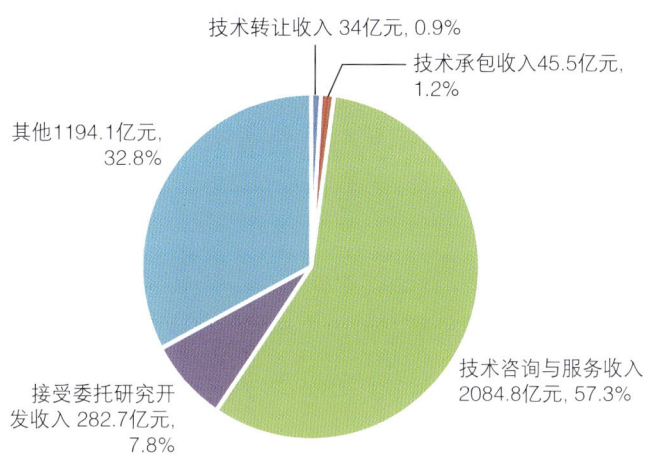

图5-11 2019年瞪羚企业技术收入构成情况

（二）瞪羚企业知识产权成果丰硕

1.瞪羚企业专利成果高速积累

2019年共有2270家瞪羚企业申请专利，占瞪羚企业总数的68.0%。瞪羚企业2019年共申请专利64 640件，授权专利33 348件，拥有有效专利138 076件，同比增长分别为14.3%、16.5%和26.1%，3年复合增长率分别为19.2%、24.9%和34.4%（图5-12）。

图5-12 2015—2019年瞪羚企业拥有专利情况

2019年共有1808家瞪羚企业申请发明专利，占瞪羚企业总数的54.2%。2019年，瞪羚企业共申请发明专利36 375件，授权发明专利13 049件，拥有有效发明专利53 532件。其中，申请发明专利数量同比上升10.7%，授权发明专利数量同比上升9.1%，拥有有效发明专利数量同比增长33.1%，近3年复合增长率分别为15.6%、26.5%和39.3%（图5-13）。

2019年，瞪羚企业共发表科技论文1808篇，当年获得软件著作权7812件，占拥有软件著作权的12.5%。其中，当年获得集成电路布图318件、形成国际标准10个、形成国家或行业标准226个、获得国家科技奖励11项。瞪羚企业获得软件著作权总量稳步增长，2016—2019年3年复合增长率为35.4%（图5-14）。

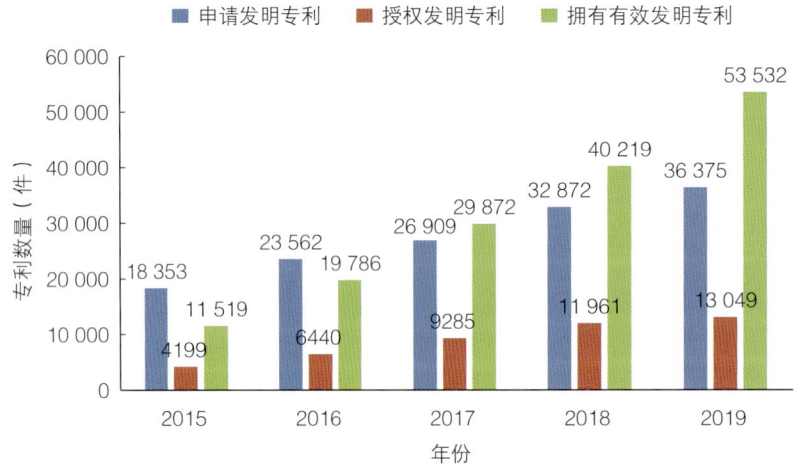

图5-13　2015—2019年瞪羚企业拥有发明专利情况

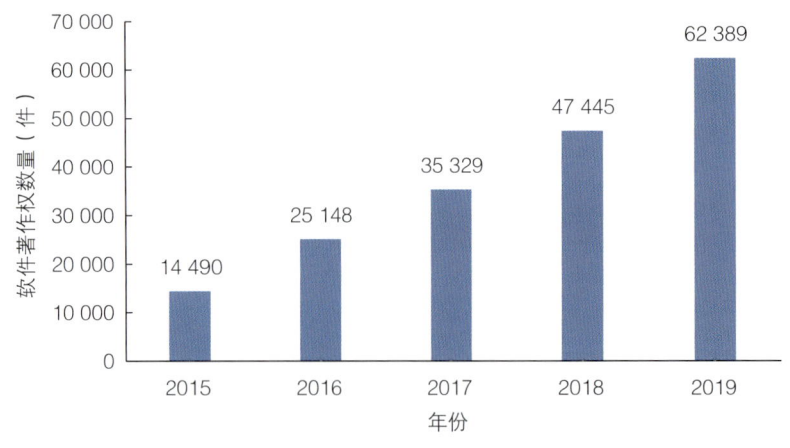

图5-14　2015—2019年瞪羚企业拥有软件著作权情况

2.瞪羚企业境外知识产权拥有量高速增长

2019年瞪羚企业拥有境外授权专利12 459件,同比增长77.7%,相较于2016年的2009件,近3年复合增长率高达83.7%。瞪羚企业2019年境外授权发明专利8670件,同比增长52.5%,相较于2016年的1268件,近3年复合增长率高达89.8%(图5-15)。

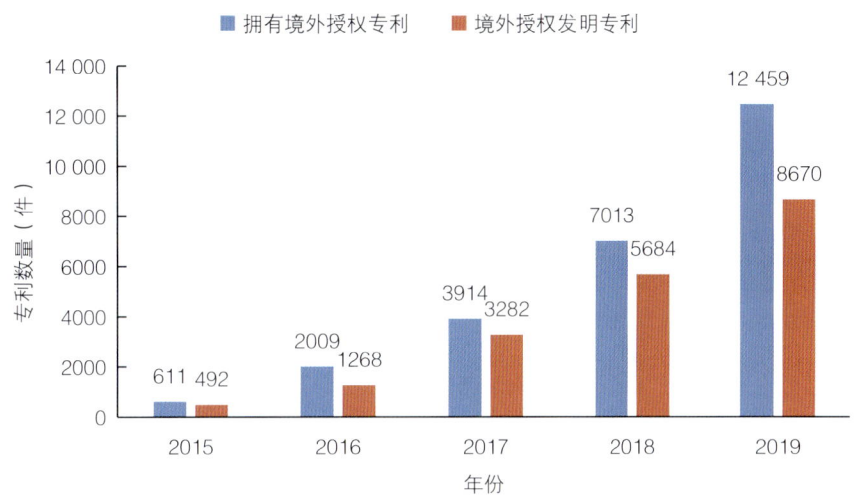

图5-15 2015—2019年瞪羚企业拥有境外专利情况

2019年,1914家新晋瞪羚企业拥有境外授权专利1037件,占比为8.3%,1422家非新晋瞪羚企业拥有境外授权专利11 422件,占比为91.7%。新晋瞪羚企业2019年境外授权发明专利556件,占比为6.4%,相较于非新晋瞪羚企业的8114件,新晋瞪羚企业授权专利占比较小,连续瞪羚企业的境外授权专利数在2019年有了较大的增长(图5-16)。

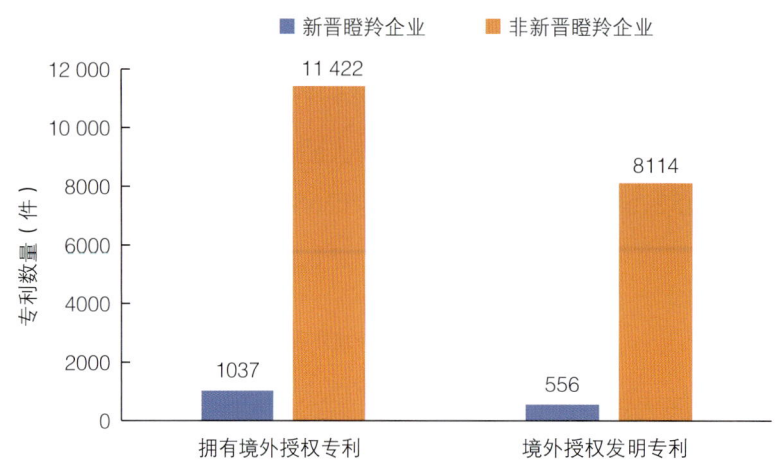

图5-16　2019年新晋瞪羚企业拥有境外授权专利情况

3.瞪羚企业拥有欧美日专利数量3年复合增长率达75.0%

2019年瞪羚企业申请欧美日专利3429件，同比增长13.3%，近3年复合增长率达5.7%。拥有欧美日专利6571件，同比增长76.0%，近3年复合增长率达75.0%（图5-17）。

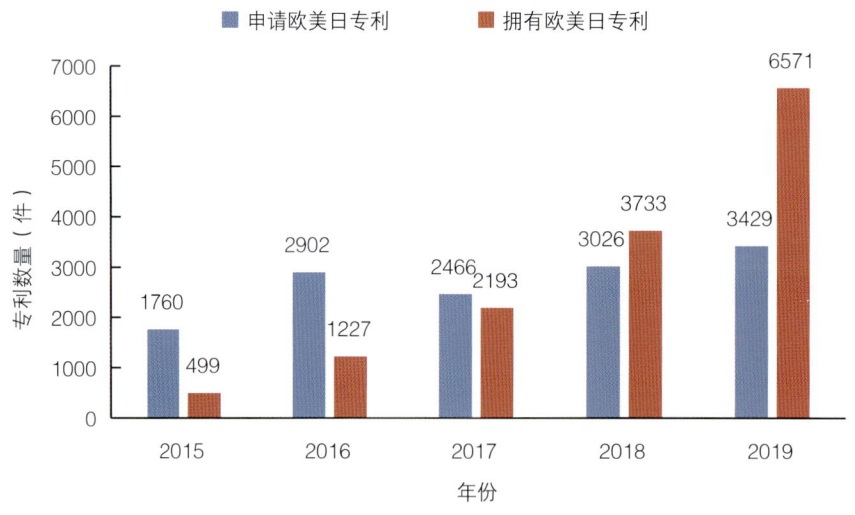

图5-17　2015—2019年瞪羚企业拥有欧美日专利情况

2019年，1914家新晋瞪羚企业申请欧美日专利331件，占比为9.7%，1422家非新晋瞪羚企业申请欧美日专利3098件，占比为90.3%。2019年新晋瞪羚企业拥有欧美日专利511件,非新晋瞪羚企业拥有6060件,占比高达92.2%(图5-18)。

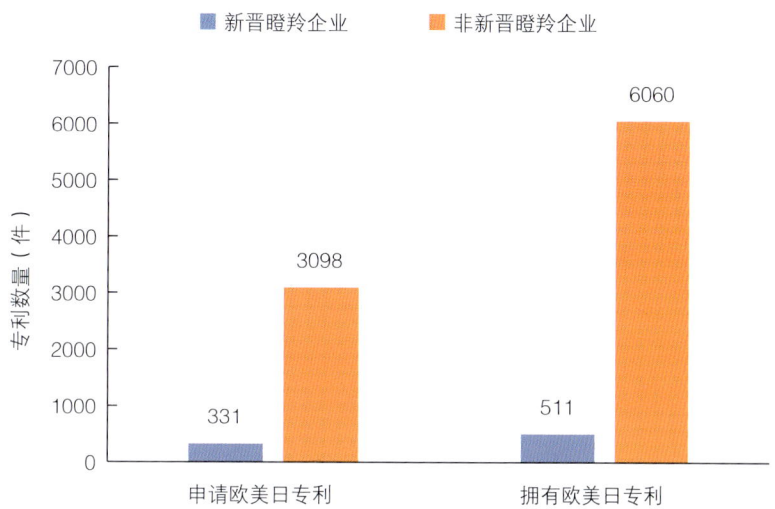

图5-18 2019年新晋瞪羚企业拥有欧美日专利情况

国家高新区瞪羚企业发展报告2020

国家高新区

第六章

瞪羚企业持续发展分析

一、遴选为瞪羚企业的群体始终保持增长

被遴选为瞪羚企业后,企业群体营业收入以平均每年13%的增速持续增长。对近6年"国家高新区瞪羚企业名单"中的企业进行分析显示,在入选瞪羚企业后,群体当年营业收入总和1年后同比增速平均为16%、2年后为11%、3年后为17%、4年后为12%、5年后为10%、6年后为12%(表6-1)。从营业收入总和复合增速来看,群体当年营业收入总和2年复合增速为14%、3年复合增速为15%、4年复合增速为14%、5年复合增速为13%、6年复合增速为19%(表6-2)。

表6-1 瞪羚企业群体每年同比营业收入增速[①]

单位:家

年份	瞪羚名单数	跟踪企业数	瞪羚后1年	瞪羚后2年	瞪羚后3年	瞪羚后4年	瞪羚后5年	瞪羚后6年
2013	1542	1265	15%	9%	13%	11%	7%	12%
2014	1888	1543	16%	11%	15%	12%	12%	—
2015	2085	1894	18%	16%	18%	12%	—	—
2016	2576	2466	18%	12%	20%	—	—	—
2017	2857	2798	17%	9%	—	—	—	—
2018	2968	2935	10%	—	—	—	—	—
平均	—	—	16%	11%	17%	12%	10%	12%

---

① 小数位数统一保留整数。

表6-2 瞪羚企业群体营收复合增速[①]

单位：家

年份	瞪羚名单数	跟踪企业数	瞪羚后1年	瞪羚后2年	瞪羚后3年	瞪羚后4年	瞪羚后5年	瞪羚后6年
2013	1542	1265	15%	12%	13%	12%	11%	19%
2014	1888	1543	16%	13%	14%	13%	14%	—
2015	2085	1894	18%	17%	17%	16%	—	—
2016	2576	2466	18%	15%	14%	—	—	—
2017	2857	2798	17%	13%	—	—	—	—
2018	2968	2935	10%	—	—	—	—	—
平均	—	—	16%	14%	15%	14%	13%	19%

平均38.9%的企业在入选瞪羚企业榜单的第2年持续在榜，平均16.6%的企业连续3年在榜。对2013—2019年连续7年在"国家高新区瞪羚企业名单"中的企业进行分析可得，平均38.9%的瞪羚企业在入选瞪羚企业1年后仍为瞪羚企业，2年后为16.6%、3年后为7.8%、4年后为3.7%、5年后为1.6%，0.5%的瞪羚企业在6年后仍旧在榜，共8家（6-1）。

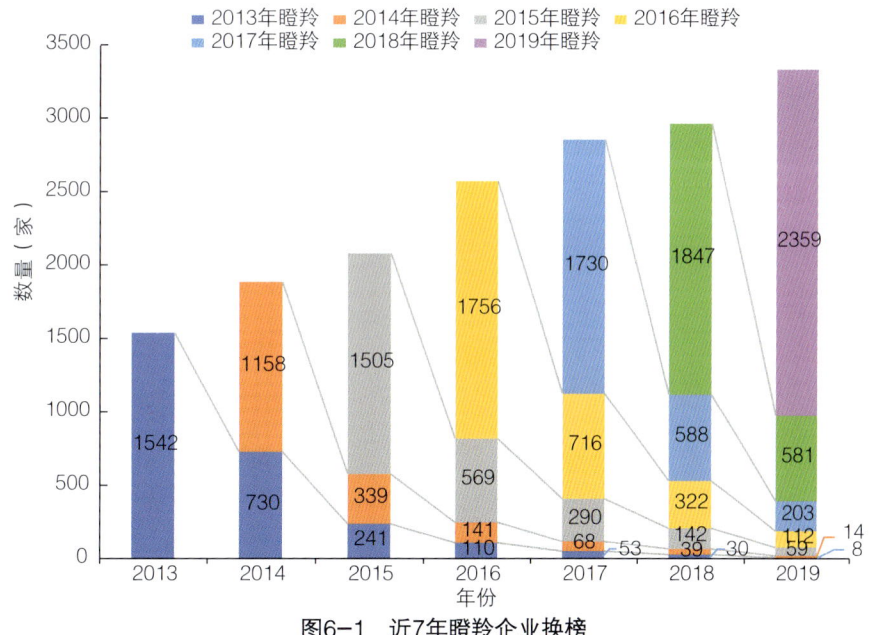

图6-1 近7年瞪羚企业换榜

---

① 小数位数统一保留整数。

遴选为瞪羚企业6年后,仍有一半以上企业实现营收增长。被遴选为瞪羚企业后1～6年,相对遴选为瞪羚企业的截止年[1],营业收入增长的企业平均比例分别为67%、64%、61%、58%、57%和56%,即遴选为瞪羚企业6年后,仍有56%的企业实现营业收入增长。

其中,被遴选为瞪羚企业后2～6年,营业收入实现持续增长的企业平均比例(包含持续瞪羚企业)分别为29%、25%、19%、14%和12%,即遴选为瞪羚企业6年后,仍有12%的瞪羚企业每年营业收入保持增长(表6-3)。

表6-3 遴选为瞪羚后企业营业收入增长[2]

类别	瞪羚后1年	瞪羚后2年	瞪羚后3年	瞪羚后4年	瞪羚后5年	瞪羚后6年
连续为瞪羚	36%	16%	7%	3%	1%	1%
营收连续增长	—	29%	25%	19%	14%	12%
与瞪羚年相比增长	27%	18%	29%	35%	41%	43%
与瞪羚年相比下降	33%	20%	31%	38%	41%	43%
营收连续下降	—	16%	8%	4%	2%	1%
增长比例	67%	64%	61%	58%	57%	56%
下降比例	33%	36%	39%	42%	43%	44%

二、持续3年瞪羚企业保持高质量成长

(一)持续3年瞪羚企业分布地区及行业

持续3年瞪羚企业主要分布在中关村、上海张江、深圳、武汉。2017年、2018年和2019年均被遴选为瞪被羚企业的共有424家,其中96家分布在北京中关村(22.6%),46家分布在上海张江(10.8%),其他分布较多的高新区有深圳、武汉、杭州、广州、厦门、成都、苏州(表6-4)。

---

[1] 即遴选为瞪羚企业当年的数据截止年,如2018年瞪羚企业的截止年为2018年。

[2] 小数位数统一保留整数。

表6-4 持续3年瞪羚企业高新区分布

单位：家

序号	高新区	企业数	占比
1	中关村	96	22.6%
2	上海张江	46	10.8%
3	深圳	25	5.9%
4	武汉	19	4.5%
5	杭州	19	4.5%
6	广州	14	3.3%
7	厦门	13	3.1%
8	成都	11	2.6%
9	苏州	10	2.4%
10	苏州工业园区	10	2.4%
11	合肥	8	1.9%
12	南京	8	1.9%
13	宁波	8	1.9%
14	西安	8	1.9%
15	昆山	7	1.7%
16	长沙	7	1.7%
17	珠海	7	1.7%
18	郑州	6	1.4%
19	天津	6	1.4%
20	上海紫竹	4	0.9%

与瞪羚企业群体相比，持续3年瞪羚企业中信息传输、软件和信息技术服务业，科学研究和技术服务业的占比更高。持续3年瞪羚企业的行业分布与瞪羚企业群体基本保持一致，主要集中在制造业，信息传输、软件和信息技术服务业，科学研究和技术服务业三大行业门类。其中，信息传输、软件和信息技术服务业，科学研究和技术服务业中企业占比略高于瞪羚企业群体，制造业企业占比略低于瞪羚企业群体。从二

级行业大类来看，软件和信息技术服务业，计算机、通信和其他电子设备制造业，仪器仪表制造业，互联网和相关服务企业占比略高于瞪羚企业群体，专业设备制造业企业与瞪羚企业群体相同，电气机械和器材制造业占比略低于瞪羚企业群体（表6-5、表6-6）。

表6-5　持续3年瞪羚企业一级行业门类分布（前3类）

单位：家

行业分类	持续3年瞪羚企业数	持续3年瞪羚企业占比	瞪羚企业数（2019年）	瞪羚企业占比（2019年）
制造业	215	50.7%	1910	57.3%
信息传输、软件和信息技术服务业	161	38.0%	1032	30.9%
科学研究和技术服务业	32	7.5%	225	6.7%

表6-6　持续3年瞪羚企业二级行业大类分布（前6类）

单位：家

行业分类	持续3年瞪羚企业数	持续3年瞪羚企业占比	瞪羚企业数（2019年）	瞪羚企业占比（2019年）
软件和信息技术服务业	138	32.5%	881	26.4%
计算机、通信和其他电子设备制造业	55	13.0%	381	11.4%
专用设备制造业	35	8.3%	276	8.3%
仪器仪表制造业	27	6.4%	166	5.0%
电气机械和器材制造业	23	5.4%	211	6.3%
互联网和相关服务	22	5.2%	142	4.3%

连续3年瞪羚企业共有424家，营业收入规模分布不均衡。其中，收入大于10亿元的有87家，占比为20.5%；收入在9亿~10亿元的有7家，占比为1.7%；收入在8亿~9亿元的有8家，占比为1.9%；收入在7亿~8亿元的有7家，占比为1.7%；收入在6亿~7亿元的有12家，占比为2.8%；收入在5亿~6亿元的有10家，占比为2.4%；收入在4亿~5亿元的有19家，占比为4.5%；收入在3亿~4亿元的有21家，占比为5.0%；收入在2亿~3亿元的有58家，占比为13.7%；收入在1亿~2亿元的有118家，占比为27.8%；收入在1亿元以下的有77家，占比为18.2%（表6-7）。

表6-7 连续3年瞪羚企业营业收入分布

收入区间（元）	企业数（家）	数量占比	累计占比
1亿以下	77	18.2%	18.2%
1亿~2亿	118	27.8%	46.0%
2亿~3亿	58	13.7%	59.7%
3亿~4亿	21	5.0%	64.6%
4亿~5亿	19	4.5%	69.1%
5亿~6亿	10	2.4%	71.5%
6亿~7亿	12	2.8%	74.3%
7亿~8亿	7	1.7%	75.9%
8亿~9亿	8	1.9%	77.8%
9亿~10亿	7	1.7%	79.5%
10亿以上	87	20.5%	100.0%

连续3年瞪羚企业有近七成的科技活动投入强度在10%以上，九成以上的企业科技活动投入强度分布在5%以上（表6-8）。

表6-8 连续3年瞪羚企业科技活动投入强度分布

单位：家

科技活动投入强度	企业数	占比
30.0%以上	138	32.5%
10.0%~30.0%	96	22.6%
7.5%~10.0%	46	10.8%
5.0%~7.5%	119	28.1%
0~5.0%	25	5.9%
总计	424	100.0%

连续3年瞪羚企业从业人员规模大多在300人以下（245家），占比为57.8%；从业人员年平均数在1000人以上的企业有63家，占比为14.9%（表6-9）。

表6-9 连续3年瞪羚企业从业人员数量分布

从业人员数量（人）	企业数（家）	占比
100以下	79	18.6%
100～299	166	39.2%
300～499	70	16.5%
500～999	46	10.8%
1000及以上	63	14.9%
总计	424	100.0%

连续3年瞪羚企业中，有九成以上的企业在2012年之前成立，其中2011年成立的瞪羚企业数量最多，有76家，占比为17.9%，其次2010年和2009年分别都有69家企业成立，占比为32.6%（表6-10）。

表6-10 连续3年瞪羚企业成立时间分布

单位：家

企业注册时间	企业数	占比
2006年	51	12.0%
2007年	48	11.3%
2008年	57	13.4%
2009年	69	16.3%
2010年	69	16.3%
2011年	76	17.9%
2012年	33	7.8%
2013年	16	3.8%
2014年	2	0.5%
2015年	2	0.5%
2016年	1	0.2%
总计	424	100.0%

连续3年瞪羚企业净利润率分布在10%～20%的最多，共120家，占比为28.3%；分布在0～5%的共83家，占比为19.6%；分布在5%～10%的共92家，占比为21.7%；分布在20%～30%的共55家，占比为13.0%；净利润率超过50.0%的瞪羚企业共14家，占比仅为3.3%；有32家企业瞪羚企业净利润率为负值，占比为7.5%（表6-11）。

表6-11 连续3年瞪羚企业净利润率分布

单位：家

平均净利润率	企业数	占比
50%以上	14	3.3%
30%～50%	28	6.6%
20%～30%	55	13.0%
10%～20%	120	28.3%
5%～10%	92	21.7%
0～5%	83	19.6%
负值	32	7.5%
合计	424	100.0%

（二）持续3年瞪羚企业盈利和创新能力更强

相比瞪羚企业群体，持续3年瞪羚企业规模更大、增长更快。从规模来看，持续3年瞪羚企业的营业收入平均值为12.2亿元，高于2019年瞪羚企业群体均值的4.3亿元。通过至少3年的持续高成长，有87家企业营业收入达到10亿元以上，占持续3年瞪羚企业群体的20.5%，营业收入在5000万元以下的企业仅有18家。持续3年瞪羚企业的营业收入3年复合增长率为47.2%，高于2019年瞪羚企业群体的46.1%。同时，持续3年瞪羚企业的年末从业人员数、工业总产值、年末资产也高于瞪羚企业群体的平均值（表6-12、图6-2）。

表6-12 2019年持续3年瞪羚企业与瞪羚企业群体经济表现对比

2019年经济指标	连续3年为瞪羚企业均值	瞪羚企业群体均值	倍数
工业总产值平均值（亿元）	5.1	2.5	2.0
年末资产平均值（亿元）	17.3	5.6	3.1
营业收入平均值（亿元）	12.2	4.3	2.8
营业收入3年复合增速	47.2%	46.1%	1.0
年末从业人员平均值（人）	766	334	2.3

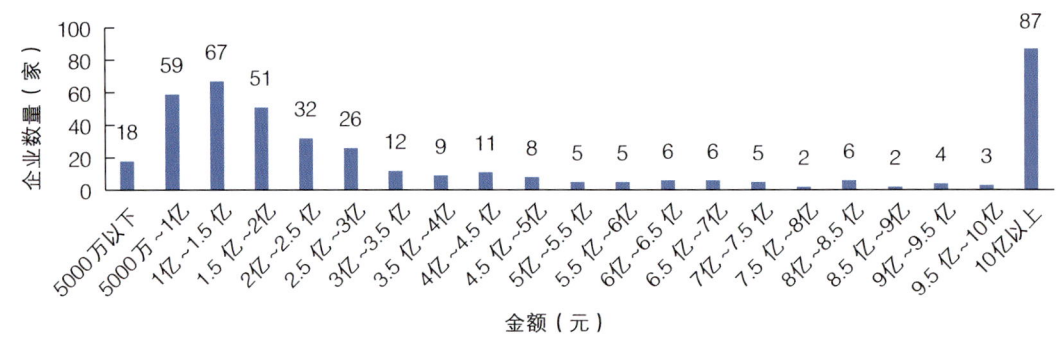

图6-2 3年均为瞪羚企业营业收入分布

相比瞪羚企业群体，持续3年瞪羚企业盈利能力更强。2019年连续3年瞪羚企业净利润率为13.1%，净资产利润率为31.1%，净资产周转率为3.2，均高于或等于瞪羚企业群体（表6-13）。

表6-13 2019年持续3年瞪羚企业与瞪羚企业群体盈利能力对比

2019年经济指标	连续3年为瞪羚企业均值	瞪羚企业群体均值	倍数
净利润率	13.1%	9.8%	1.3
净资产利润率	31.1%	18.7%	1.7
净资产周转率	3.2	3.2	1.0

相比瞪羚企业群体，持续3年瞪羚企业创新能力更强。持续3年瞪羚企业科技活动投入强度更大，为10.9%，科技活动人员数量平均值为318；创新成果落地能力不

断提高，技术收入平均值为5.0亿元，占营业收入的25.8%，技术收入3年复合增速为39.7%，以上指标均高于瞪羚企业群体（表6-14）。

表6-14 持续3年瞪羚企业与瞪羚企业群体创新指标对比

2019年经济指标	连续3年为瞪羚企业均值	瞪羚企业群体均值	倍数
科技活动投入强度	10.9%	10.7%	1.0
科技活动人员平均值（人）	318	109	2.9
技术收入平均值（亿元）	5.0	1.1	4.5
技术收入占比	25.8%	20.7%	1.2
技术收入3年复合增长率	39.7%	32.5%	1.2

三、瞪羚企业在资本市场表现良好

（一）毕业或在孵于科技企业孵化器的瞪羚企业更容易吸引投资

科技孵化器在瞪羚企业培育中起到了促进作用。截至2019年年底，毕业或在孵于科技企业孵化器的瞪羚企业共有526家，占瞪羚企业总数的15.8%，其中已从科技孵化器毕业的瞪羚企业有265家，在孵企业有261家，均比上一年度有所减少。

从毕业时间上看，2012—2017年毕业的瞪羚企业数量较多。占所有已毕业瞪羚企业数量的75.1%，共199家；2008—2011年毕业的瞪羚企业有36家，占比为13.6%；2018—2019年有29家瞪羚企业从孵化器或加速器毕业，占比为10.9%（图6-3）。

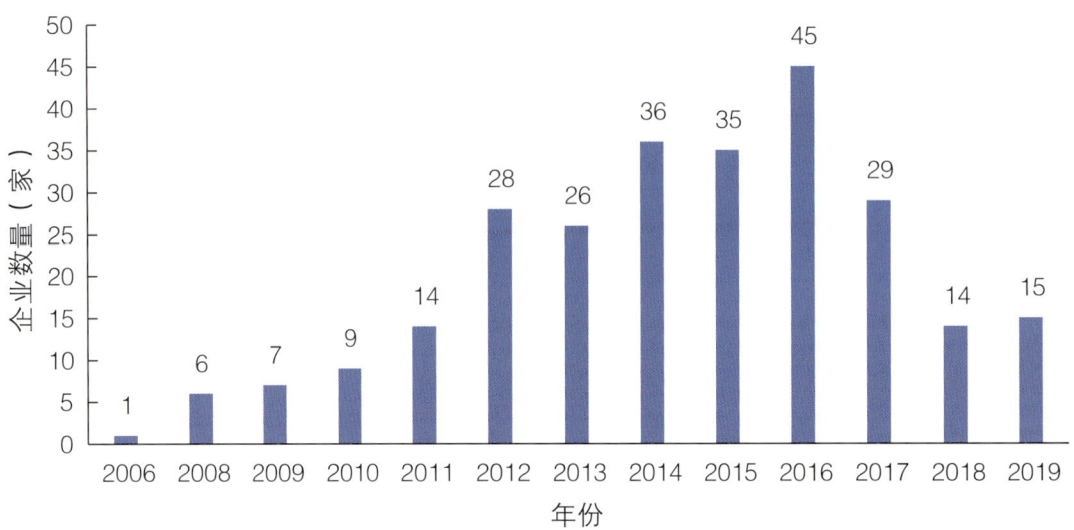

图6-3 瞪羚企业从孵化器或加速器毕业时间分布
（注：无2007年数据）

从入驻时间上看，2010—2016年入驻孵化器或加速器的瞪羚企业数量最多，占在孵企业数的73.6%，共192家；2003—2004年入驻的仅有2家，占在孵企业数的0.8%；2006—2009年入驻的有38家，占在孵企业数的14.6%；2017年及之后入驻的有29家，占在孵企业数的11.1%（图6-4）。

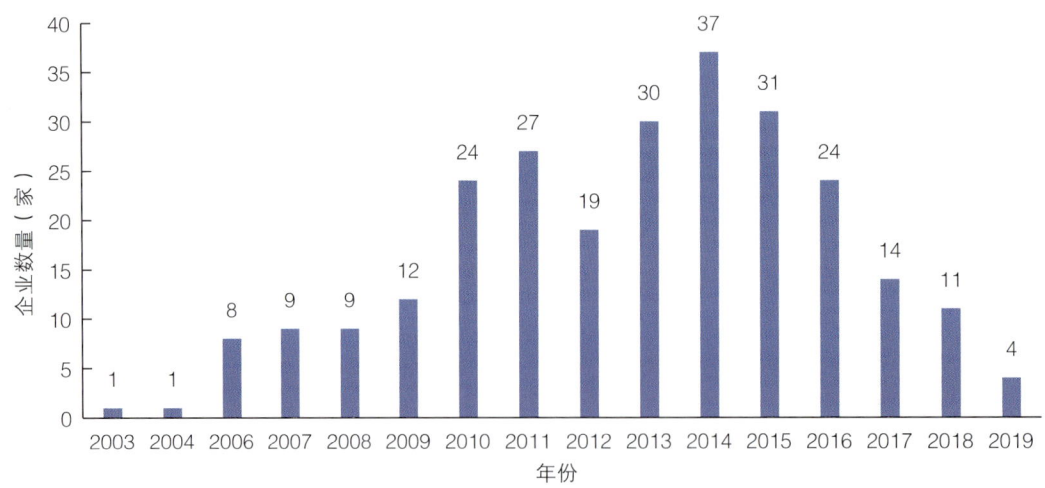

图6-4 瞪羚企业入驻孵化器或加速器时间分布
（注：无2005年数据）

有15个高新区拥有10家及以上在孵或毕业企业，占孵化器在孵或毕业企业总数的71.5%。其中，中关村瞪羚企业中在孵或毕业企业77家，占总体在孵或毕业企业总数的14.6%；上海张江63家，占比为12.0%；广州35家，占比为6.7%（表6-15）。

表6-15　在孵或毕业瞪羚企业数为10家及以上的国家高新区

单位：家

高新区	在孵或毕业瞪羚企业数
中关村	77
上海张江	63
广州	35
苏州工业园区	29
武汉东湖	24
南京	23
西安	19
成都	16
合肥	15
厦门	15
深圳	14
珠海	13
无锡	12
杭州	11
郑州	10

毕业或在孵瞪羚企业更容易获得风险投资。通过对2013—2019年瞪羚企业入孵和获得风险投资进行对比，毕业或在孵的瞪羚企业中有17.2%的获得过风险投资，与孵化器无关的瞪羚企业中只有13.7%的获得过风险投资（表6-16）。

表6-16 2013—2019年瞪羚企业孵化及获得风投交叉分析

单位：家

瞪羚企业与孵化器或加速器关系	获得过风险投资		未获得过风险投资		企业总数[1]
	数量	占比	数量	占比	
毕业或在孵瞪羚企业	447	17.2%	2158	82.8%	2605
与孵化器无关瞪羚企业	997	13.7%	6288	86.3%	7285

（二）瞪羚企业群体融资轮次及数量逐年增加

2019年3336家瞪羚企业中，获得风险投资的企业数量逐年增加，近5年共有629家瞪羚企业获得过风险投资。从获投企业数量来看，2015—2019年，瞪羚企业累计获得风险投资的企业为629家（图6-5）。2019年获得风险投资的企业数量为137家，占2019年瞪羚企业总数的4.1%。其中，处于天使轮阶段的共15家，A轮阶段的最多为44家，B轮34家，C轮27家，D轮及以上17家（图6-6）。

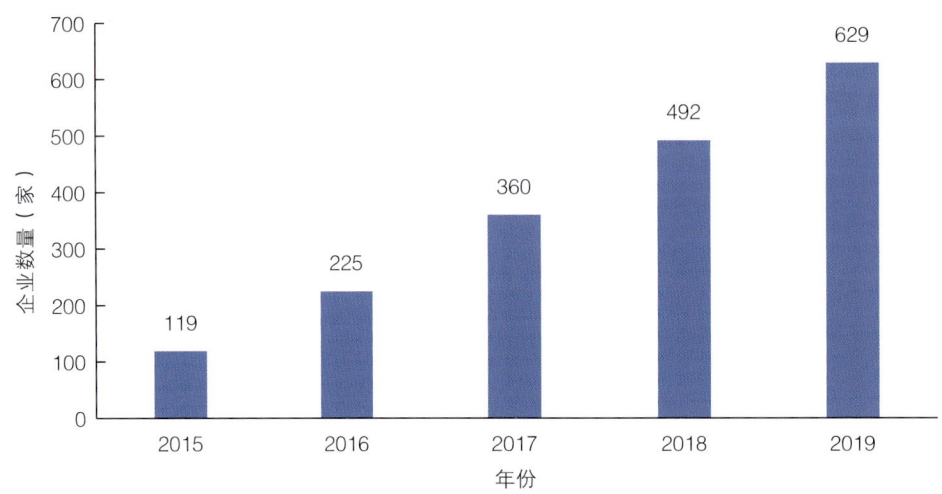

图6-5 2015—2019年获得创业风险投资的瞪羚企业累计数量

---

[1] 企业总数为获得过风险投资及未获得过风险投资的企业总和。

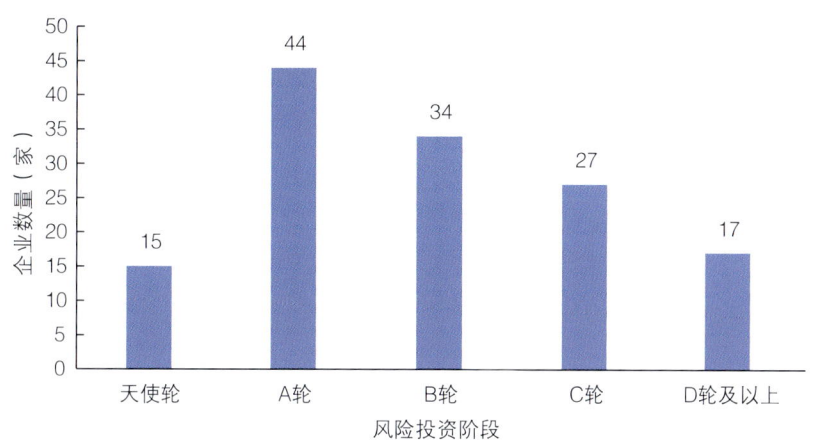

图6-6　2019年获得风险投资的瞪羚企业风险投资阶段

从获得投资金额来看，2015—2019年瞪羚企业累计获得风险投资额409.2亿元。其中，2019年获得风险投资共115.3亿元，同比下降了27.3%，3年复合增速为36.4%（图6-7）。2019年获得4000万元以上投资的瞪羚企业数量为59家，获得1000万元以下投资的企业数量为31家。

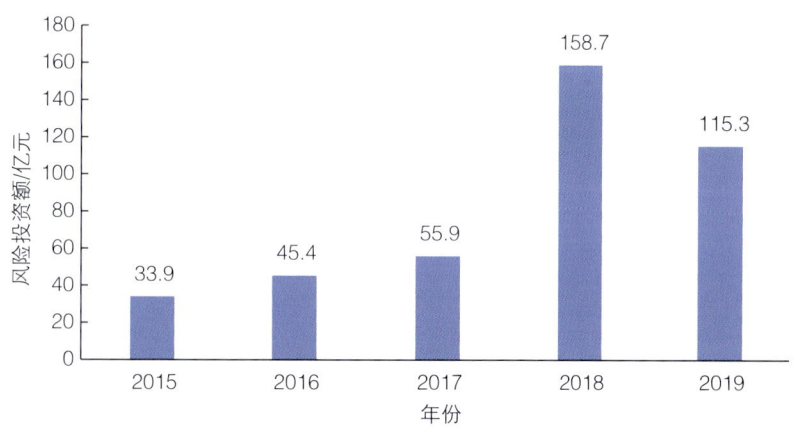

图6-7　瞪羚企业获得创业机构风险投资

从历年瞪羚企业及后续发展来看，被评为瞪羚企业后，有687家企业获得风险投资。对2013—2019年瞪羚企业的融资进行追踪得知共有687家企业进行了959次融资，其中469次融资在进入瞪羚企业名单当年获得，490次融资在成为瞪羚企业后获得（表6-17）。

表6-17　历年瞪羚企业群体当年及入选后的融资次数

单位：次

年份	2013	2014	2015	2016	2017	2018	2019	合计
入选瞪羚榜单当年获得融资	13	34	26	45	82	132	137	469
成为瞪羚后开始获得融资	70	88	82	104	90	56	—	490

（三）瞪羚企业上市[①]及挂牌[②]数量快速增加

3336家瞪羚企业中，有221家上市、442家在新三板挂牌。分别占瞪羚企业群体总数的6.6%和13.2%。

截至2019年年末，共有221家瞪羚企业上市，其中，在国内上市的企业数为202家，占上市瞪羚企业数量的91.4%；在国外上市的瞪羚企业为19家，占上市瞪羚企业数量的8.6%（表6-18）。

表6-18　瞪羚企业上市时间与上市地点交叉情况

单位：家

上市时间	深交所主板	深交所创业板	深交所中小板	上交所	香港	纳斯达克	纽约交易所	韩国交易所	总计
2009年	1	3	4	—	1	—	—	—	9
2010年	2	4	3	—	1	—	—	—	10
2011年	—	5	—	—	—	—	—	—	5
2012年	—	3	2	—	1	—	—	—	6
2013年	—	—	—	—	—	—	1	—	1
2014年	—	2	1	1	1	2	—	—	7
2015年	—	7	2	3	—	1	—	—	13
2016年	—	3	2	7	1	2	—	1	16
2017年	1	11	6	6	1	—	2	—	27

---

① 上市：深交所、上交所、港交所、纽交所、纳斯达克和其他海外市场。

② 挂牌：挂牌新三板。

续表

上市时间	深交所主板	深交所创业板	深交所中小板	上交所	香港	纳斯达克	纽约交易所	韩国交易所	总计
2018年	1	2	1	1	3	1	1	1	11
2019年	3	34	24	39	9	4	3	—	116
总计	8	74	45	57	18	10	7	2	221
汇总	国内市场：202				国外市场：19				

2019年近一成上市瞪羚企业规模超过10亿元。221家上市瞪羚企业中，营业收入在10亿元以上的共有27家，占上市瞪羚企业的12.2%，占249家营业收入超过10亿元瞪羚企业的10.8%。其中，深交所创业板8家，上交所（含B股）6家，深交所中小板有3家（表6-19）。

表6-19　2019年营业收入10亿元以上27家上市或挂牌瞪羚企业板块分布

单位：家

上市板块	企业数
深交所创业板	8
上交所（含B股）	6
深交所中小板	3
纳斯达克	3
香港	2
新三板	2
地方四板	2
纽约交易所	1

截至2019年年末，442家瞪羚企业在新三板挂牌。自2012年开始，选择在新三板挂牌的瞪羚企业逐年增多，尤其是在2015年、2016年，新三板挂牌的瞪羚企业数增长明显（表6-20）。

表6-20　瞪羚企业新三板挂牌时间与数量

单位：家

新三板挂牌时间	企业数
2011年	1
2012年	6
2013年	12
2014年	46
2015年	131
2016年	166
2017年	70
2018年	9
2019年	1
总计	442

2013—2019年瞪羚企业中，12.8%实现上市或挂牌。截至2019年年末，2013—2019年10 954家被评为瞪羚企业的名单中（不计重复），共有1398家企业上市或挂牌，占比为12.8%。其中，388家成功上市，有51家企业在成为瞪羚企业的当年上市，有143家企业在成为瞪羚企业后上市；1010家企业挂牌新三板，有164家企业在成为瞪羚企业的当年挂牌；有296家企业在成为瞪羚企业后挂牌。共计654家企业在遴选为瞪羚企业当年或之后上市或挂牌，占全部上市或挂牌瞪羚企业的46.8%。从瞪羚企业上市的时间节点来看，瞪羚企业榜单对瞪羚企业上市有一定的促进作用（表6-21）。

表6-21　瞪羚企业群体上市或挂牌数量

单位：家

年份	当年上市	成为瞪羚后上市	当年挂牌	成为瞪羚后挂牌
2013	0	74	9	138
2014	7	24	18	68
2015	9	19	41	62
2016	11	18	64	24

续表

年份	当年上市	成为瞪羚后上市	当年挂牌	成为瞪羚后挂牌
2017	7	1	26	4
2018	8	7	5	0
2019	9	—	1	—
合计	51	143	164	296

17家瞪羚企业在科创板①上市。截至2019年年底，科创板上市的87家企业中，有17家是2019年入选的国家高新区瞪羚企业，占科创板上市企业总数的19.5%。其中，中关村4家，杭州3家，苏州2家，苏州工业园2家，上海张江2家，宁波、西安、泰州、上海紫竹各1家。

---

① 科创板：上交所。

国家高新区瞪羚企业发展报告2020

第七章 国家高新区持续推进瞪羚企业培育

一、各地持续深入开展瞪羚企业培育工作

(一) 省、市及国家高新区持续优化瞪羚培育环境

瞪羚企业成长速度快、创新能力强、行业领域新、发展潜力大，具有人才高端、技术密集等特征，符合新经济发展方向，是"区域个性"的晴雨表、高新区创新发展的新引擎。在大众创业、万众创新的热潮之下，各省、市及国家高新区持续优化创新创业生态环境，为培育瞪羚企业发展提供了良好的条件。据不完全统计，我国已有中关村、西安、武汉东湖、苏州工业园区、广州、株洲、杭州、济南、惠州、宁波、潍坊、南宁、长沙、南京、济宁、佛山、合肥、郑州、大庆、青岛、石家庄、常州、厦门、汕头、中山、绵阳、襄阳、柳州等28个高新区出台了针对瞪羚企业的认定奖励和扶持政策（表7-1）。

表7-1　2019—2020年各高新区瞪羚企业扶持政策一览

序号	区域	政策出台时间	政策标题	扶持措施
1	石家庄高新区	2019年	《石家庄高新区支持企业做大做强的若干政策》	银行贷款贴息支持
2	常州高新区	2019年	《中共常州国家高新区工委、常州国家高新区管委会关于深入推进苏南国家自主创新示范区建设的若干科技创新政策意见》	认定奖励

续表

序号	区域	政策出台时间	政策标题	扶持措施
3	厦门火炬高新区	2019年	《厦门火炬高新区推进高质量创新发展的若干措施（试行）》	认定后一次性奖励
4	郑州高新区	2019年	《郑州高新区瞪羚企业认定及培育办法》	认定奖励、一事一议、研发补贴、科技创新专业服务券、人才引进、金融支持、企业服务平台建设
5	汕头高新区	2019年	《汕头高新区瞪羚企业认定工作方案》	认定鼓励、项目支持
6	中山火炬开发区	2019年	《中山火炬开发区领军及"瞪羚"企业扶持专项资金管理办法（修订）》	梯度资助
7	绵阳高新区	2019年	《绵阳高新区支持企业高质量发展加快建设西部一流高科技园区实施办法》	企业人才团队资助
8	杭州高新区	2020年	《关于支持瞪羚企业加快发展的实施意见》	创新项目配套支持、房租补贴、优先用地、专项资助
9	襄阳高新区	2020年	《襄阳高新区瞪羚企业和潜在瞪羚企业认定及培育办法》	认定奖励、培训补贴、研发补助、成果转化奖励、政府采购项目优先支持、人才优惠
10	佛山高新区	2020年	《佛山高新技术产业开发区管理委员会关于瞪羚企业的认定及资助实施细则》	认定奖励、园区配套支持、融资专项补助、搭建交流平台
11	柳州高新区	2020年	《柳东新区（柳州高新区）管委会促进企业科技创新发展暂行办法》	项目扶持、技术交易补贴、科技信贷支持

近两年，多个省份和城市出台了瞪羚企业扶持政策及相关认定办法，表明了瞪羚企业在区域创新发展中的重要性（表7-2）。

表7-2 出台瞪羚企业扶持政策的省市

序号	区域	政策出台时间	政策标题	扶持措施
1	江西省	2019年	《加快独角兽、瞪羚企业发展十二条措施》	认定奖励、一企一策、科技创新支持、研发机构建设支持、人才引进、资本对接、科技金融、创新券、企业服务平台、精准服务
2	辽宁省	2019年	《辽宁省新型创新主体建设工作引导》	支持创新平台建设、人才引进培育、科技研发投入、关键技术攻关
3	四川省	2019年	《四川省瞪羚企业培育行动实施方案（2019—2022）》	认定企业项目扶持、技术补贴、成果转化资助，搭建交流平台、人才引进优惠，推荐参与政府采购
4	天津市	2019年	《天津市创新型企业领军计划》	认证奖励、房屋补贴、人才引进、研发机构建设支持、科技金融支持、成果转化机构建设支持
5	青岛市	2019年	《青岛市培育和奖励隐形冠军企业、专精特新"小巨人"企业、瞪羚企业、独角兽企业实施方案（2019—2022年）》《崂山区独角兽企业和瞪羚企业培育计划（2019—2023年）》	入选奖励、研发机构建设资助、人才优惠、金融支持、知识产权保护支持
6	咸阳市	2019年	《咸阳市瞪羚企业认定及培育办法》	银行贷款贴息支持、业务补贴、科技项目支持、用地优先等
7	西安市	2020年	《西安市瞪羚企业认定管理办法》	优先推荐（金融、创新基金等）、入选奖励
8	东莞市	2020年	《东莞市培育创新型企业实施办法》	梯度培育、认定奖励、展会补贴、论坛补贴、研发补助、企业家培训资助、房租补贴、人才优惠
9	南宁市	2020年	《南宁市人民政府关于培育瞪羚企业的实施意见》	优先推荐项目申请、研发投入奖励、人才优先推荐、展会补贴、金融支持

（二）瞪羚政策助推企业高成长效果显著

随着瞪羚企业培育工作的持续深入，瞪羚企业对于区域经济的提质增效作用开始显现，逐渐成为高新区甚至省市新经济发展的先锋力量。

通过对已出台瞪羚企业扶持政策的高新区在瞪羚企业数量、瞪羚企业经济指标表现及瞪羚企业后续发展等进行分析，结果发现出台瞪羚企业政策的高新区瞪羚企业数量明显提升，区域瞪羚企业政策效果较为明显，出台瞪羚企业政策有助于推动当地瞪羚企业发展。

出台瞪羚企业扶持政策的高新区，瞪羚企业数量明显提升。出台瞪羚企业政策的高新区中，有13家高新区2019年瞪羚企业数量高于2018年。其中，南京增加27家，西安增加17家，常州增加16家，郑州和广州各增加12家，佛山增加11家（表7-3）。此外，深圳高新区表现尤为突出，比2018年增加了69家瞪羚企业，上海张江比上一年增加15家。跟踪结果显示，广州、西安、南京、成都、长沙、苏州、佛山、宁波、株洲高新区的瞪羚企业数量实现了连续2年增长。

表7-3 出台瞪羚企业扶持政策的高新区瞪羚企业数量变化

单位：家

高新区	2019年瞪羚企业数	2018年瞪羚企业数	瞪羚企业增加数	新晋瞪羚企业数	政策时间
广州	136	124	12	88	2013年
西安	86	69	17	48	2013年
南京	75	48	27	45	2010年
成都	74	65	9	40	2018年
长沙	64	55	9	34	2017年
厦门	61	57	4	33	2019年
苏州	54	44	10	30	2016年
合肥	49	47	2	26	2018年
佛山	45	34	11	34	2017年
郑州	44	32	12	22	2019年
宁波	39	31	8	24	2016年
常州	39	23	16	24	2019年
株洲	20	13	7	11	2013年

二、高新区瞪羚企业培育优秀案例

（一）天津高新区创新型企业领军计划

为深入实施创新驱动发展战略，加快建设现代化经济体系，加速新旧动能转换，支撑高质量发展，天津市人民政府于2019年发布《天津市创新型企业领军计划》（简称《领军计划》）。《领军计划》的核心目标是以人工智能、生物医药、新能源新材料等战略性新兴产业为重点，以培育一批"航母级"创新型领军企业为目标，强化技术创新、模式创新和协同创新，加速创新型企业发展能级提升；开展"雏鹰—瞪羚—领军"企业评价认定，加速高成长企业梯度培育打造"科企3.0版"。优化平台、人才、金融、成果等要素配置，加速一流创新生态建设，为建设国内领先的创新型城市和产业创新中心、实现经济高质量发展提供有力科技支撑。具体目标任务有：企业发展能级显著提升、新动能新业态加速形成、创新生态日益完善。

《领军计划》重点瞄准人工智能、生物医药、新能源新材料等战略性新兴产业，建立"雏鹰—瞪羚—领军"企业梯度扶持体系，大力推动"四新经济"发展，着力培育发展新动能，加速战略性新兴产业集群培育。推动企业成为技术创新决策、研发投入、科研组织和成果转化的主体。例如，"雏鹰—瞪羚—领军"企业梯度扶持政策，广泛采用了市场化的理念和手段，引入第三方机构发布机制，对于有一定影响力和公信力的第三方认可的入库企业，由市财政给予奖励。另外，对产业技术研究院的绩效考核，充分考虑产业技术研究院的合同科研情况，如自我造血能力等。着力强化"平台、人才、金融、成果"等创新生态系统各要素，为企业创新发展营造良好的大环境。围绕创新型企业培育，更加重视重大设施平台等战略科技力量的支撑，更加重视激发各类人才和企业家的活力，更加关注科技金融助推器的作用，更加关注科技成果由"智"变"金"，为企业发展构建优良生态。

针对不同类型企业，天津出台了普惠型和专属型支持政策。例如，对获得银行贷款的"雏鹰"企业给予5万元奖励；对首次入选的瞪羚企业给予最高20万元奖励；对以上市为目的并完成股份制改造的瞪羚企业、科技领军企业和领军培育企业给予奖励；对科技领军企业和领军培育企业实施重大创新项目、创新平台建设给予"一揽子"支持，分别给予财政资金最高500万元和300万元的项目补助。此外，对技术创新突出、影响力极大的创新型企业采取"一事一议"的方式给予支持。经过一揽子政策支持，效果显著。2019年天津高新区有33家瞪羚企业，新进入19家。

天津高新区瞪羚企业典型案例：

航天神舟飞行器有限公司——国内领先的无人机制造商。航天神舟飞行器有限公司主要从事无人机的研制、生产、试验试飞和技术服务。2012年年初，建立航天神舟飞行器有限公司无人机产业基地，一期项目包括综合科研楼、总装总调车间、复合材料车间、机加工车间、装配车间及40米宽、600米长的无人机跑道及配套基础设施，总建筑面积4.2万余平方米，保障大、中、小型无人机的复合材料结构生产、总装总调及试验试飞，在国内复合材料成型领域、无人机制造企业中处于领先水平。自成立以来，公司一直致力于小型无人侦察机的研制工作和中大型无人机的结构生产、总装总调和试验试飞。经过多年的无人机研制生产经验积累，目前公司拥有一支由总体设计、复合材料结构设计、航电设计、总装总调、试验试飞等各专业学科人才组成的成熟的无人机研制团队，满足多型无人机产品的研制、生产、总装总调及试验试飞、技术服务任务。航天神舟飞行器有限公司具备独立的质量管理体系，保密等齐全的无人机研制、生产资质，是天津市高新技术企业、是构成天津滨海高新区重点建设发展的"三机、一箭、一星"中关键的一机，能够满足国内外军民两用无人机的研制需求，产品型号众多，国内外销售市场已初步形成规模，深具发展前景。

天津飞腾信息技术有限公司——国内领先的自主核心芯片提供商。天津飞腾信息技术有限公司（简称"飞腾公司"）致力于"飞腾"系列国产高性能、低功耗通用计算微处理器的设计研发和产业化推广，同时联合众多国产软硬件生态厂商，提供基于国际主流技术标准、中国自主先进的全国产信息系统整体解决方案，支撑国家信息安全和重要工业安全。飞腾公司始终坚持"核心技术自主创新，产业生态开放联合"的发展理念，以"聚焦信息系统核心芯片，支撑国家信息安全和产业发展"为使命，努力成为世界一流芯片企业，用中国芯服务社会。飞腾CPU产品具有谱系全、性能高、生态完善、自主化程度高等特点，目前主要包括高性能服务器CPU（腾云S系列）、高效能桌面CPU（腾锐D系列）和高端嵌入式CPU（腾珑E系列）三大系列，为从端到云的各型设备提供核心算力支撑。目前，飞腾公司已经联合起千余家国内生态伙伴，优化移植了千余种软件。基于飞腾CPU的产品覆盖多种类型的终端（台式机、一体机、便携机等）、服务器和工业控制嵌入式装备等，在国内政务办公、装备制造、云计算、大数据，以及金融、能源和轨道交通等行业信息系统领域已实现批量应用。同时，飞腾与国内伙伴单位展开合作，形成了基于飞腾平台的云计算全栈、边缘计算全栈、终端全栈、嵌入式全栈生态，为广大集成商和客户提供更丰富的选择空间。自成立以来，飞腾公司及核心产品、团队已荣获国家科学技术进步奖一等奖、"中国芯"年度重大创新突破产品奖、中国电子信息博览会金奖、2020年中国IC设计成就奖之五大中国潜力IC设计公司、中国青年五四奖章集体等众多荣誉奖项。

天津普泰国信科技有限公司——致力于公安信息化领域。天津普泰国信科技有限公司（简称"普泰国信"）专注于公安信息化领域，向客户提供专业的解决方案咨询、系统软硬件研发、项目实施督导、运营级售后服务等一站式服务，致力于打造差异化、行业化和定制化的系统、产品和服务。公司拥有一支行业专家级的技术团队，研发了具有自主知识产权的业内领先的系统平台：警务大数据分析及研判系统、社会治安综合治理信息系统、平安社区智能管理系统、公安多维数据侦查防控系统、公安可视化立体防控系统、基于RFID的商业售卖系统大数据运营平台等，并已成功部署。核心技术团队曾先后主持和参与起草9项相关产品的国家和行业标准，承担12项国家和省部级课题研究项目，科技成果多次获得省部级科学技术进步奖，专注于公安信息化领域内各种复杂需求信息系统的整体解决方案设计、系统研发和实施运维。普泰国信已被认定为中国软件和信息服务业信用AAA级企业、国家级高新技术企业和软件企业、天津市科技型中小企业，获得ISO9001质量管理体系国际标准认证、强制性3C产品认证，是中国报警服务业联盟副理事单位、中国建筑业协会智能建筑分会理事单位、全国安防系统标准化技术委员会委员单位，曾获2015年中国报警服务业十佳供应商、2015—2016年中国100家诚信品牌安防供应商、2015年度中国最佳口碑区域联网报警中心管理平台软件、2017年度CPSE安博会中国智慧城市建设推荐品牌、2017年度CPSE安博会金鼎奖等多项荣誉，已获2项发明专利、6项实用新型专利、30余项计算机软件著作权。

天津中环领先材料技术有限公司——专注于半导体材料技术开发。天津中环领先材料技术有限公司（简称"领先公司"）成立于2008年，经营范围涵盖半导体材料技术开发、制造、进出口业务、技术咨询、服务、转让等领域。目前为天津中环股份的全资子公司。拥有目前国内同行业企业净化级别最高的1级净化厂房，领先公司的成立标志着全球第一条4~8英寸兼容的全自动抛光片生产线的建成。领先公司是中国最大、世界第三的区熔单晶及硅片生产制造商，公司的目标是跻身国际市场，打造国内最好的抛光片生产企业。公司承建的"节能型功率电子器件用Φ6″硅抛光片产业化项目"为2008年天津40项重大工业项目之一，此项目在引进全新进口（日本和美国）设备的基础上，应用新技术、新工艺独立开发具有自主知识产权的大直径区熔硅抛光片生产技术，促进国内相关节能型功率器件、新型电力电子器件等产业的发展，实现高端材料的规模化生产，同时满足国际市场对高端区熔硅片日益增长的需求。领先公司计划实现Power-semi半导体晶片产量8英寸及以下50万片/月，12英寸工程试验线2万片/月。

（二）合肥高新区高成长性企业培育计划

合肥高新区为深入贯彻创新驱动发展战略，落实《国务院关于促进国家高新技术产业开发区高质量发展的若干意见》及《合肥市国家高新技术企业三年倍增行动方案》的相关要求，提升合肥高新区高新技术企业创新发展水平，制定了《高成长性企业培育三年行动计划》。围绕国家高企数量倍增、创新能力显著提升、服务体系持续优化、评审模式取得突破的总体目标，以夯实高新技术企业的培育基础、提升高新技术企业的创新能力、完善高新技术企业的服务体系、加强高新技术企业政策支持为主要任务，并且采取了加强组织领导、完善工作机制、加强考核调度、加大宣传力度等保障措施来保障计划的顺利进行。

该计划坚持数量增长与质量提升并重，创新生态与精准培育并重，夯实高新技术企业的培育基础，提升高新技术企业的创新能力，完善高新技术企业的服务体系，加大高新技术企业的政策支持力度。不断强化企业的创新主体地位，使高新技术企业群体成为高新区高科技产业的主引擎、创新发展的主力军，为国家综合性科学中心和世界一流高科技园区建设提供有力支撑。

合肥高新区瞪羚企业典型案例：

安徽华米信息科技有限公司——国际领先的智能手表制造商。安徽华米信息科技有限公司（简称"华米科技"）成立于2013年12月27日，是一家致力于将人类真实的情感及活动无感地连入互联网、改善人们生活的智能可穿戴设备公司。公司的使命是"科技连接健康"，通过"芯端云"的战略，布局芯片、智能可穿戴终端及健康云服务，构筑全球健康生态，做用户最信赖的伙伴。基于强大的人工智能算法和大数据分析能力，华米科技为用户提供7×24小时健康监测服务，并通过将智能可穿戴技术集成到全球物联网，为用户创造更智能、更便捷的生活方式。华米科技已构建起完整的健康和健身生态系统，包括智能手环、智能手表、运动耳机等可穿戴终端，以及和运动、健康相关的跑步机、体重秤、体脂秤、鞋服周边等。华米科技于2014年1月获得了小米科技及顺为资本的联合投资，成为小米生态链唯一一家聚焦于智能可穿戴产品的公司。2014年12月，华米科技获得了高榕资本、红杉资本及晨兴创投一共3500万美元的B轮投资，公司估值超过3亿美元。其第一款产品小米手环发售于2014年8月，目前出货量已经超过2000万台，成为全球出货量排名第三的智能可穿戴设备。2015年9月，华米科技在北京发布了其自有时尚智能可穿戴品牌AMAZFIT。华米科技也正在快速走向全球化。2019年海外出货量占比超过了50%，AMAZFIT智能手表产品已经进入了包括美国、德国、日本等在内的全球70多个国家和地区。IDC数据显示，2020年第一季度，华米科技旗下成人智能手表在全球成人智能手表品类市场份额排名中杀入前五，在西班牙、意大利、印度和印度尼西亚市场份额均高居第一，在全球最大的智能手表单一市场——美国也首次进入前五，成为排名最靠前的中国品牌。在自主研发领域，华米科技于2018年推出了全球首款基于RISC-V开源指令集的智能可穿戴芯片——"黄山1号"，目前已经在自主品牌AMAZFIT智能手表及智能手环中规模化应用。2020年6月，华米科技正式发布了新一代智能可穿戴芯片——"黄山2号"，该芯片具有高运算效率和低使用功耗两大优势，相当于ARM Cortex-M4架构处理器，整体运算效率提升了38%，其房颤识别速度达到"黄山1号"的7倍、软件算法的26倍。

合肥天源迪科信息技术有限公司——产业互联网变革推动者。合肥天源迪科信息技术有限公司（简称"天源迪科"）是国内领先的产业互联网和大数据综合解决方案提供商，专注于利用当代最先进的IT技术推动企业和政府部门在管理和商业模式上的创新发展，为其提供综合解决方案，包括运营支撑、大数据、移动互联网解决方案等。天源迪科大力发展云计算、大数据、人工智能、物联网等先进技术，业务领域已经拓展到运营商、公安、政府、金融、新能源等10多个行业，已形成跨行业、多盈利模式的业务布局。天源迪科秉承集团公司的总体布局和思路，倾力打造集团在华中区最大的研发基地和业务平台，辐射周边地区甚至全国，在运营商、金融、制造、广电、政府等其他行业深入合作。在运营商行业，以MBOSS为基础，实现以计费、CRM为基础，打造企业级电子商务平台，企业级数据平台架构，以最先进的数据采集、整合技术，提供精确的实时分析，准确定位领导决策；在广电行业，针对广电行业打造轻量级的BOSS系统，更好、更快速地响应客户的需求，完成从传统重量级BOSS向轻量级BOSS转型的过渡，结合广电自身特点，与广电行业信息化共同进步；在政府行业，针对最近比较火热的大数据、云平台，在电子商务平台、移动办公方面均有不同程度的沉淀。

安徽清新互联信息科技有限公司——无线智能视频产品及系统方案提供商。安徽清新互联信息科技有限公司（简称"清新互联"）来源于中国科学技术大学，在无线传输、低码率高清视频、多网融合应急通信、物联网视频智能硬件、深度学习人工智能、视频大数据云平台等方面拥有领先的自主核心技术和持续研发能力，是高新技术企业、双软企业、知识产权示范企业。清新互联集研究、开发、生产、销售及运维服务于一体，可提供5G智能布控球、5G智能指挥箱、5G智能车载、5G智能警灯、5G智能执法记录仪、5G人员身份核验系统、智能单兵、智能安全帽、AI热成像测温仪、AI测温平板、物联网智能摄像机、云视频管理平台、可视化指挥平台等产品。除5G/4G产品外，还提供专网、自组网、固网等多网络的物联网、大数据视频产品及系统解决方案。公司产品通过公安部、电网、安监等相关部门检测认证，已在公检法、应急办、消防、武警、边防、安监、城管、环保、交通、金融、石油、电力、爆破等行业得到广泛的应用，产品和方案面向移动执法、应急处突、安全生产、物联网大数据等领域提供服务，为国内外重大事件提供了安全保障。

（三）西安高新区出台瞪羚企业认定管理办法

作为全国新经济的前沿阵地、硬科技的策源地，西安高新区加快建设世界一流科技园区，为进一步发挥高成长企业新动能主体作用，加速引领原始创新，助力硬科技产业升级。自2018年起，西安高新区连续开展了一系列培育专项工作，为高成长企业打造全方位、全链条、全要素服务的成长环境，促进企业转型升级。2020年《西安市瞪羚企业认定管理办法》正式出台，特别针对重点领域，电子信息、生物医药、环保节能、高端装备制造、新能源、新材料、现代服务业等高新技术产业领域和战略性新兴产业领域发展企业，以及在西安市内（含西咸新区）注册登记且完成科技型中小企业评价入库的居民企业。并且对认定标准、申报程序、政策支持等方面做了详细规定。

经认定的市级瞪羚企业，可以享受政策、资金等方面支持，将纳入西安市科技局优质拟上市挂牌企业推荐名录，优先向西安市金融工作局推荐进入"西安市上市挂牌后备企业资源库"，优先向创业投资机构及科技发展基金群子基金推荐，组织创投机构与企业以多种形式进行对接。通过全方位的政策扶持，未来高新区的企业会有更强劲的发展。

西安高新区瞪羚企业典型案例：

西安紫光国芯半导体有限公司——存储器和集成电路制造商。西安紫光国芯半导体有限公司（简称"西安紫光国芯"）拥有掌握存储器、集成电路核心设计和测试技术的国际化团队，核心业务是存储器设计开发、存储器产品量产销售，以及专用集成电路设计开发服务。自成立以来，西安紫光国芯一直专注于存储器尤其是DRAM存储器的研发和技术积累，产品持续量产销售到国内外，积累了良好的存储器设计、测试、外包生产、方案构建及全球量产推广等研发和产业化经验。西安紫光国芯是国家发展改革委等五部委联合认定的"国家规划布局内集成电路设计企业"、科学技术部认定的"国家火炬计划重点高新技术企业"和"高新技术企业"、工业和信息化部认定的"集成电路设计企业"、西安市科学技术局授予的"西安市存储器工程技术研究中心"，并通过SGS ISO9001：2015质量管理体系认证和ISO14001：2015环境管理体系认证。公司拥有丰富的高端集成电路设计测试经验和完善严谨的产品开发流程管理及质量管理体系。西安紫光国芯存储器研发团队拥有从产品立项、指标定义、电路设计、版图设计到硅片、颗粒、内存条测试及售前售后技术支持等全方位技术积累，所开发存储器产品包括DRAM、Nand Flash、SRAM和RRAM等。公司在开发自有品牌存储器产品的同时，也提供定制存储器的交钥匙开发服务，已经成功为国际一流存储器公司开发过多款存储器产品，并实现全球量产销售。

西安诺瓦星云科技股份有限公司——全球最具竞争力的LED显示屏解决方案供应商。西安诺瓦星云科技股份有限公司（简称"诺瓦科技"）成立于2008年，位于西安高新技术产业园，是一家致力于为LED、Mini LED、Micro LED等高端显示和应用的行业，提供先进的显示技术和行业级的软硬件解决方案的高科技公司。经营范围包括：计算机软硬件及外围设备的开发、生产、销售；电子元器件、电子产品的销售等。公司拥有基于互联网和大数据的诺瓦云服务平台、专业的逐点校正软件、完善的LED显示控制软硬件解决方案、视频解决方案，诺瓦科技在LED显示领域申请知识产权1500多项，以每年30%的速度增长，占据细分领域的90%以上，稳居细分领域行业第一。目前全球服务网点增至37个，其中国内29个，国外8个；服务全球超过10 000家客户。诺瓦科技坚持以持续的技术创新为客户创造价值。2008年北京奥运会、2009年国庆60周年庆典、2010年上海世博会、2010年广州亚运会、2011年西安世园会、2011年深圳大运会、2014年巴西世界杯、2015年抗战胜利70周年天安门大阅兵、2016年里约奥运会、2017年建军90周年和大阅兵、2018年俄罗斯世界杯、2019年中央电视台春节联欢晚会、2019年北京世园会等大型活动中LED显示控制系统均由诺瓦科技提供。诺瓦科技先后被遴选为：德勤2014全国50强、国家知识产权优势企业、中国光电行业持续进步企业，2019年被授予"国家知识产权示范企业"称号。

陕西巨子生物技术有限公司——以基因工程、生物材料工程为主导的高新技术企业。陕西巨子生物技术有限公司成立于2009年，企业聚焦于皮肤医学、医疗器械、预防医学和营养医学三大健康产业方向。到目前为止，巨子生物已研发出基于类人胶原蛋白的皮肤医学、医疗器械、预防医学和营养医学等三大类近百种产品；在皮肤医学领域，系列产品可丽金、可复美、可愈等由于其优秀的品质和独特的功能，已在全国多家医院的皮肤科、激光科、整形科等应用，帮助问题皮肤人群。已被授予西安市名牌产品、陕西省名牌产品、陕西省著名商标等多个殊荣。在医疗器械领域，以类人胶原蛋白为核心原料，公司研发了体内可降解止血海绵、可降解人工骨修复材料、修复注射凝胶、疤痕修复凝胶、口腔黏膜修复液、肛肠黏膜修复凝胶、妇科黏膜修复凝胶等，不仅可替代国外同类产品，还实现了同类产品的升级换代。在预防医学和营养医学领域，基于类人胶原蛋白与钙、铁、锌、硒、铜等的螯合作用，提高其生物利用度及生物活性。类人胶原蛋白由巨子生物成功研发并产业化，实现了由"中国制造"向"中国创造"的转变，是我国科技自主创新的典范代表。类人胶原蛋白克服了传统动物胶原蛋白的病毒风险、排异反应风险、结构和功能的不确定性风险，实现了胶原类生物材料品质的大提升，带动全球生物材料产业的新发展。目前类人胶原蛋白的核心技术已申请60余项国家发明专利，并获得2013年国家技术发明奖二等奖，核心产品曾被评为国家重点新产品，曾获国家高技术产业化示范工程、国家863计划、国家"十五"重点攻关计划、国家科技部创新基金、国家火炬计划、国家自然科学基金等多个科技项目的支持。同时，国家发展改革委批准公司组建了"生物材料国家地方联合工程研究中心"，国家人力资源社会保障部批准陕西巨子生物技术有限公司成立了"博士后科研工作站"，陕西省科技厅批准公司组建了"陕西省生物材料重点创新团队"及两个省级工程中心。

（四）郑州高新区瞪羚企业培育计划

郑州高新技术产业开发区（简称"郑州高新区"）"四链一城"实践路径要求，聚焦"发展智慧产业、建设智慧社会"的主攻方向，增强内生增长动力，培育发展新动能，推动高成长企业发展壮大。郑州高新区于2019年开始开展全市范围内的瞪羚企业、高成长企业培育工作，重点培育和鼓励快速增长的、创新性强的优质企业，并结合郑州实际情况，提出了《关于印发郑州高新区瞪羚企业认定及培育办法》、《郑州高新技术产业开发区科技创新专业服务券管理暂行办法》等政策来帮扶区内企业提升创新能力、实现跨越发展。支持措施覆盖瞪羚企业发展过程中的多个方面需求，主要包括给予企业认定奖励、支持引进瞪羚企业、支持企业提升创新能力、支持企业开展专业咨询与辅导、支持企业拓展发展空间、支持企业引进高端人才、降低企业融资成本、鼓励企业开拓市场、帮助打造瞪羚企业俱乐部等。2020年，随着郑州高新区瞪羚企业培育工作的不断深入，高新区瞪羚企业不断涌现，规模不断壮大，内生增长动力增强，发展新动能显现。

郑州高新区瞪羚企业典型案例：

郑州衡量科技股份有限公司——致力于运用科技改变治超现状。郑州衡量科技股份有限公司（简称"衡量科技"）成立于2011年，注册资本为1000万元，位于郑州高新区，是一家专业从事智能交通系统（ITS）、不停车科技治超系统、非现场执法系统等产品的研发、生产与销售的省级高新技术企业。公司主营产品有石英压电称重传感器、称重控制器、电荷放大器、压电式轮胎识别器、红外车辆分离器、车辆宽高检测仪。产品广泛应用于不停车科技治超系统、非现场执法系统、源头治超系统等，服务对象涉及交通执法部门、公路养护单位、市政管理、城市道路运输管理、桥梁保护单位、高速公路单位及各级公路设计单位。已建设完成1000多个治超卡点，产品分布全国20多个省（区、市），远销英国、西班牙等国家和地区。2019年营业收入为25 013.17万元，科技经费支出占比达13.61%，其中石英式动态汽车衡从硬件石英压电称重传感器到控制系统及软件全部为自主研发，并且拥有相关的知识产权及发明专利。

安图实验仪器（郑州）有限公司——医疗服务高新技术企业。安图实验仪器（郑州）有限公司（简称"安图"）创立于2007年，专注于体外诊断试剂和仪器的研发、制造、整合及服务，产品涵盖免疫、微生物、生化等检测领域，同时也在分子检测等领域积极布局，能够为医学实验室提供全面的产品解决方案和整体服务。公司于2016年9月1日挂牌上市，是国内第一家在上海主板上市的体外诊断生产企业。安图建有国家认定企业技术中心、免疫检测自动化国家地方联合工程实验室、河南省免疫诊断试剂工程技术研究中心等，承担了多项国家、省、市重大科技项目，其中包括863计划两个项目。公司高度重视产品研发及技术创新，始终将提升研发创新能力作为提升企业核心竞争力的重要手段。近3年，研发投入均超过营业收入的10%；注重创新团队建设，技术研发人员约占1/3；比肩国际先进，严格研发流程管理；注重核心原材料研发，免疫诊断试剂产品的抗原、抗体自给率达到77%以上。安图已成为业内注册文号较多、产品线较全面的企业之一。在试剂生产方面，引入自动化生产线，提高产品自动化和流水作业程度，提升精细化管理水平；在仪器制造方面，持续加大精细化管理力度；在质量管理方面，通过GMP、ISO9001和ISO13485等认证，严格质量管理考核，持续促进质量提升。安图营销网络覆盖全国，在国际营销方面，公司产品已销售至欧洲、亚洲、中东、南美、非洲等地区。

河南紫光物联网技术有限公司——物联网智能家居企业。河南紫光物联技术有限公司（UIOT）是软硬件一体化的全屋智能家居系统研发生产厂商，公司创立于2011年9月，位于郑州高新技术产业园。主营业务包括物联网技术研究、咨询、转让及技术服务；物联网设备、智能家居设备的生产、销售、安装、调试及维修服务。2019年营业收入19.9亿元，科技经费投入占比达12.25%。UIOT围绕客户需求不断创新，持续加大研发投入，聚焦家庭智能服务器和应用软件及智能基础电工设备的研发，打造了一套稳定可靠的全屋无线智能家居系统，该系统利用ZigBee 无线通信、物联网、大数据、人工智能等技术连接数字家庭网关、暖通、影音等设备，通过无线家庭设备组网平台、设备互通数据平台、大数据分析平台组成智慧家庭物联网。围绕全屋智能家居28个子系统，形成了全系自主研发能力。UIOT始终专注全屋智能家居系统，作为行业唯一坚持研产销一体化的企业，目前，产品已成功应用于智慧家庭、智慧社区、智慧酒店、智慧养老、智慧办公、智慧月子中心、智慧书屋等领域。企业与万科、保利、碧桂园、绿城、复地、鑫苑、豫发集团等地产企业进行合作。在全国已开设18+直营店、500+品牌专卖店；百强地产集采中标28+，协助200多家地产开发商交付落地300多个楼盘，市场占有率居行业第一。此外，UIOT已获红星美凯龙集团A轮战略投资、保利资本B轮战略投资，又获中金传化基金C轮投资。

（五）萧山临江高新区高新企业培育计划

为深入实施创新驱动发展战略，不断优化经济结构，更好聚焦、聚力高质量发展，推动全区国家重点扶持领域的高新技术企业培育和发展。萧山高新区先后出台了《杭州市萧山区高新技术企业培育三年行动计划（2018—2020年）》《杭州市萧山区科技创新三年行动计划（2017—2019年）》。培育措施包括认定企业项目扶持、技术补贴、成果转化资助，搭建交流平台、人才引进优惠等普惠政策。经过多年的帮扶培育，萧山高新区的瞪羚企业达到28家，从经济贡献来看，瞪羚企业营业收入总量持续突破，培育效果显著，企业纳税额保持稳定增长，对经济发展带动作用明显。从创新引领来看，瞪羚企业群体研发投入强度较高，科技创新成果丰富，企业整体呈现出研发驱动型特征。

萧山高新区瞪羚企业典型案例：

杭州联川生物技术股份有限公司——基因诊断与精准医疗。杭州联川生物技术股份有限公司（简称"联川"）成立于2006年，位于萧山临江高新技术产业开发区，由拥有核心技术的海外高层次留学归国专家创立的国家级高新技术企业，是全球少数几家掌握基因捕获核心技术的高科技公司。2016年创立全资子公司杭州联川基因诊断技术有限公司，2017年在国内新三板市场挂牌上市，2018年正式成立第2个子公司杭州链康医学检验实验室。公司2019年营业收入达81 101万元，科技经费投入占比达10.41%。最早一批将二代测序技术引入国内科研市场，自主研发出ACGT101系列测序数据分析软件。在基因科技领域，联川拥有业内领先的μParaflo微流体芯片平台、单细胞捕获测序平台、高通量测序平台和质谱分析平台，提供从基因组学、转录组学、表观组学、蛋白质组学到代谢组学的跨组学整合分析服务，致力于为科研机构提供世界一流的基因科技服务与产品。在全球首次实现一步法精准捕获目标基因，并已成功开发出多款肿瘤液态活检检测试剂盒。在精准医疗领域，联川科学家成功研发出业内领先的VariantPro基因捕获技术，已成功开发出多款肿瘤液态活检检测试剂盒。此外，联川还与新加坡医疗科技公司Biolidics建立战略合作关系，共同开发基于循环肿瘤细胞CTC检测的全新、高效癌症诊断解决方案。

杭州沃镭智能科技股份有限公司——智能解决方案提供商。杭州沃镭智能科技股份有限公司（简称"沃镭"）成立于2008年，2015年在新三板上市，是一家为汽车零部件制造行业的系统提供智能解决方案的提供商。沃镭一直致力于汽车零部件检测与装配自动化设备的研发，已形成了气压制动检测、液压制动检测、密封性检测及汽车制动关键零部件装配检测线与自动化专机等几大系列产品，具备了从试验设备、在线检测设备到成套自动化装配检测线的全面设计制造能力。主要产品包括智能装备自动化、智能检测装备、生产制造执行系统，主要应用领域覆盖汽车电控与智能驾驶系统、新能源三电系统、高铁与轨道交通制动系统、汽车底盘安全与控制系统。沃镭拥有浙江省省级高新企业研发中心，浙江省省级企业研究院，杭州市院士工作站等资质认证，拥有汽车、机械、电子、计算机等各类专业技术人才，研发人员占员工总数的40%以上。研发成果已申报100多项专利，其中已授权的发明专利达40多项，取得20项软件著作权等知识产权。相关产品的产销量、市场占有率居行业前列，服务客户约500家，合作厂商包括比亚迪汽车、一汽集团、中国重汽、陕汽集团、三一重工等著名企业。

协创机械（杭州）有限公司——砖瓦智能装备供应。协创机械（杭州）有限公司（简称"协创"）成立于2012年，是一家集研发、设计、生产、销售、服务于一体的现代化高科技民营企业。主要从事烧结制品智能设备、窑炉和工程总承包服务。协创占地面积50多亩，拥有3万平方米生产车间，总投资2亿元，员工400人，其中专业技术人员168人。近年，协创斥巨资进行砖瓦装备的技术研发，并采用先进的生产技术和工艺装备，从无到有、从有到精，成功研发低能耗高效益核心产品，国内一流的制砖设备：JKY75/65EII-4.0型双级真空挤出机系列、全自动化切码运系统、原料处理设备等。建立原料化验、工艺方案设计、窑炉设计建设、设备安装调试、专业技术培训等全方位的协创技术团队，为国内外众多砖瓦企业制作高档保温节能烧结制品的生产提供技术保障。创协先后通过了ISO9001质量管理体系、OHSA职业健康管理体系，并先后获得"企业信用评价AAA级信用企业""中国砖瓦工业协会副会长单位""墙体材料（烧结）机械设备制造十强企业""建材机械行业标准化工作龙头企业"等荣誉。目前协创公司已建立生产线超1000条，遍布全国各省市级及亚非欧等地，在建安装调试生产项目日益增加。协创公司现代化建设厂房以全智能化办公系统为基础，建立以全自动化切码运系统、双级真空挤出机、砖瓦机械原料处理设备为主的三大制造厂区，以及一个砖瓦机械研发中心。

（六）常州高新区瞪羚培育计划

为深入实施创新驱动发展战略，全面落实高质量发展要求，量质并举壮大高新技术企业集群，常州高新区于2019年和2020年先后出台《常州国家高新区管委会关于深入推进苏南国家自主创新示范区建设的若干科技创新政策意见》《常州国家高新区高新技术企业三年倍增行动计划（2019—2021年）》。政策通过财政扶持、资源倾斜、金融引导、要素保障等举措扶持高新企业发展。

财政扶持方面，设立财政补助专项，对认定为瞪羚企业的给予一次性奖励，对高成长企业技术改造进行专项资助。拓展发展空间，推荐企业入驻孵化器和专业园区，优先保障企业生产经营用房、建设用地和人才公寓需求。金融扶持方面，对瞪羚企业用于主营业务发展产生的银行贷款利息、担保费、贷款保险费等费用支出给予一定补助，并对获得股权投资机构投资的瞪羚企业给予奖励。通过一系列政策扶持，培育效果显著。2019年常州高新区共有39家瞪羚企业，新进入企业15家，分布于高端装备制造、生物医疗、新一代信息技术等战略性新型产业。

常州高新区瞪羚企业典型案例：

常州聚和新材料股份有限公司——光伏元件制造商。常州聚和新材料股份有限公司（简称"聚和"）成立于2015年，位于江苏省常州国家高新区产业园，是一家集导电银浆、PV银浆、滤波器浆料、导电胶、半导体及5G材料的研发、生产、销售为一体的高科技企业。主要产品为晶硅太阳能电池、5G滤波器等产品用银质浆料。聚和产品打破了国外企业在该领域的技术垄断，目前销售规模、技术水平已处于全球领先水平，2019年公司销售额为8.94亿元，2020年销售额突破20亿元。近年，聚和致力于低温银浆领域的技术研发，设立在上海的研发中心，配置行业先进的研发及实验仪器设备，延揽世界顶级的研发专家，带领拥有丰富行业经验的研发团队，专注于光伏银浆的研发，掌握核心技术与配方，拥有多项发明专利。同时加强技术合作，与中国科学院苏州纳米技术与纳米仿生研究所签署产学研战略合作协议，与中科院、华东理工大学、江南大学、常州印刷电子产业院等多所院校紧密合作，并与多家光伏企业签订了技术合作协议。

常州合全药业有限公司——新药研发生产领军企业。常州合全药业系药明康德新药开发有限公司全资子公司，成立于2013年，于2015年在新三板上市，位于滨江经济开发区，是一家集工艺开发和符合cGMP标准的医药中间体和临床原料药生产基地为一体的研发性生产企业。企业以"不断创新、不断完善我们从临床前到商业化的药物研发和生产一体化平台，为全球从事新药开发的合作伙伴提供最优质最高效的个体化解决方案"为使命。作为全球新药合作研究开发生产领域（CDMO）的领军企业，合全药业致力于为全球合作伙伴提供从原料药（API）到制剂，高效、灵活、高质量的一站式解决方案。2019年企业营业收入超过15亿元，3年复合增长率为63%。截至2020年年底，合全共拥有85件专利，其中发明专利55件。依托药明康德有机化学合成和工艺研发方面的强大实力，公司拥有全球规模最大的化学工艺团队，超过1000名经验丰富的研究人员和科学家，凭借先进的仪器设备和符合国际标准的实验室及GMP厂房，合全药业帮助药明康德实现研发快速向产业化生产的转移，极大缩短了新产品的研发和生产周期。常州合全作为合全药业在常州的工艺研发生产基地，目前和上海合全在为客户提供的研发服务方面已经享有很高的声誉，与大多数跨国制药巨头建立了长期、稳定成熟的战略合作关系，包括排名前位的跨国制药公司，如默克、辉瑞、礼来、葛兰素史克等。

江苏鑫亿软件股份有限公司——智慧医院数字化信息领导者。江苏鑫亿软件股份有限公司成立于2007年，2016年在新三板成功上市，是一家专业从事智慧医院数字化信息管理系统开发和应用策略研究的科技实体，为国内首批从事医疗信息化研究开发和实施的专业机构。鑫亿软件秉承"互联信息健康，赋能智慧医疗"的宗旨，始终坚持创新驱动，紧跟和引领健康医疗大数据产业发展，致力于医疗信息化的研究和建设，汇集省内外科研院所、南京医科大学等医疗机构之理念韬略，经公司资深科技人员数年努力，通过卫生行业规范评审认证，达到国内领先水平。企业通过医疗大数据集成，实现了医生工作站、护士工作站和医技工作站互联互通，多维立体的数据提高了医务人员的效率。企业研发了一个平台四大中心，为用户提供综合解决方案。其主要产品是医院信息系统（his）、医院资源管理系统（hrp），除以上系统以外，鑫亿公司还拥有普通卫材控制系统、EMR电子病历系统、消毒供应中心追溯管理系统、高值耗材管理系统、绩效考核与评价系统、无线医疗、医疗BI系统等其他各类医疗相关系统，为医院提供全方位的软件技术服务。目前企业已经在江苏、北京、广州、武汉、济南等地设立分公司，客户辐射20个省（区、市），是南京军区、济南军区、全国武警医院统一推广的大型软件供货商之一。企业积极参与制定国家级、省市级医疗信息化标准建设，并先后为河北医科大学第二医院、新乡医学院第一附属医院、同济大学附属杨浦医院、济南市中心医院等880家客户完成了智慧医院数字化信息的集成管控应用。

附录 《国家高新区瞪羚企业发展报告2020》遴选标准

《国家高新区瞪羚企业发展报告（2020）》以国家高新区库中2016—2019年企业统计数据为国家高新区瞪羚企业遴选与分析的基础。

基于对国际瞪羚企业标准的深入研究，并结合国家高新区企业发展的实际情况，本期报告提出了"国家高新区瞪羚企业遴选标准"，并据此对高新区内企业进行遴选。具体而言，国家高新区瞪羚企业遴选标准包括定量提取指标、定性筛查指标及创新门槛指标3个方面，企业同时满足这3个方面指标的要求方可入选国家高新区瞪羚企业。

一、定量提取指标

入选需满足以下条件之一。

Ⅰ：企业成立时间不早于2006年，2016年总收入不少于1000万元且2016—2019年复合增长率不低于20%，且2019年正增长；

Ⅱ：企业成立时间不早于2006年，2016年雇员总数不少于100人且2016—2019年复合增长率不低于30%，且2019年正增长；

Ⅲ：企业成立时间不早于2015年，2019年总收入不低于5亿元（即成立5年内总收入突破5亿元），且3年收入无大幅下降；

Ⅳ：企业成立时间不早于2010年，2019年总收入不低于10亿元（即成立10年内总收入突破10亿元），且3年收入无大幅下降。

二、定性筛查指标

入选需满足以下全部条件，否则将被剔除。

行业性质：非烟草、铁路、矿产资源、公共服务等垄断性行业企业，以及房地产、基础建设、银行等行业。

企业性质：非大型央企、外企生产基地、分公司、销售公司、贸易公司。

三、创新门槛指标

入选需满足以下条件[①]。

4年平均科技活动投入强度（即科技活动经费内部支出占营业收入的比例）不低于2.5%。

---

① 自《国家高新区瞪羚企业发展报告（2019）》起，全部瞪羚企业科技活动投入强度要求不低于2.5%，即去掉原创新门槛指标B类指标（筛选条件1，仅有一年收入数据的企业，统计数据的截止年总收入＞5亿元且成立不超过5年；筛选条件2，有效数据2年以上的企业，截止年总收入＞1亿元且3年或2年复合增长率＞30%）。